Trésors littéraires

INITIATION À LA LITTÉRATURE FRANÇAISE ET FRANCOPHONE

ANNE-MARIE BOURBON
QUEENSBOROUGH COMMUNITY COLLEGE, CUNY

DEBRA POPKIN
BARUCH COLLEGE, CUNY

GLORIA SAWICKI
BROOKLYN COLLEGE, CUNY

McGraw-Hill College

Boston   Burr Ridge, IL   Dubuque, IA   Madison, WI
New York   San Francisco   St. Louis
Bangkok Bogotá Caracas Lisbon London Madrid Mexico City
Milan New Delhi Seoul Singapore Sydney Taipei Toronto

McGraw-Hill College

A Division of The **McGraw·Hill** Companies

This is an  book.

Trésors littéraires
Initiation à la littérature française et francophone

Copyright © 1999 by The McGraw-Hill Companies, Inc. All rights reserved.
Printed in the United States of America. Except as permitted under the
United States Copyright Act of 1976, no part of this publication may be
reproduced or distributed in any form or by any means, or stored in a
database or retrieval system, without the prior written permission of the
publisher.

This book is printed on acid-free paper.

2 3 4 5 6 7 8 9 0 FGR FGR 9 0 3 2 1 0 9

ISBN 0-07-290415-1

Editor-in-chief: *Thalia Dorwick*
Senior sponsoring editor: *Leslie Hines*
Developmental editors: *Becka McGuire, Peggy Potter*
Senior marketing manager: *Karen W. Black*
Project manager: *Richard DeVitto*
Production supervisor: *Pam Augspurger*
Interior and cover designer: *Suzanne Montazer*
Illustrations by: *Lora Schultz, Amanda Popkin, John Ruiz*
Printer: *Quebecor Printing Fairfield, Inc.*

Because this page cannot legibly accommodate all the copyright notices,
page A-22 constitutes an extension of the copyright page.

Library of Congress Cataloging-in-Publication Data
Bourbon, Anne-Marie.
    Trésors littéraires : initiation à la littérature française et
francophone / Anne-Marie Bourbon, Debra Popkin, Gloria Sawicki.
        p.   cm.
    "This book is an EBI book" –T.p. verso.
    No index.
    ISBN 0–07–290415–1
1. French language—Readers—French literature.   2.   French
Language—Textbooks for foreign speakers—English.   3.   French
Literature—French-speaking countries.   4.   French literature—20th
Century.   I.   Popkin, Debra.   II.   Sawicki, Gloria.   III.   Title.
PC2117.B765   1999
448.6′421—dc21   98–50938
                                                                              CIP

http://www.mhhe.com

❧ *Contents* ❧

❧

*P*REMIÈRE ÉTAPE

❧

*D*EUXIÈME ÉTAPE

❧

$\mathcal{T}$ROISIÈME ÉTAPE

❧

Preface

Guillaume Apollinaire, Jacques Prévert, Paul Verlaine, Simone de Beauvoir, Camara Laye . . . Wouldn't you love to present these and other French and francophone authors to your first- and second-year classes? This reader will enable you to do just that!

Background

Trésors littéraires: Initiation à la littérature française et francophone traces its origin to the NEH Grant Project "A Model in French with a Proficiency Orientation," developed by nine CUNY French professors under the direction of Professor Renée Waldinger (Executive Officer, French Ph.D. Program at the Graduate School and University Center). The other eight participants were Anne-Marie Bourbon (Queensborough Community College), Charles Hill (Brooklyn College), Edward Murphy (Queens College/City College of New York), Bernard Picard (Borough of Manhattan Community College), Debra Popkin (Baruch College), Gloria Sawicki (Queens College/Brooklyn College), Lucienne Serrano (York College), and Alex Szogyi (Hunter College). Faculty consultants Dorothy James (Hunter College) and Isabelle Kaplan (Williams College) led the first five seminars that initiated the project in the fall of 1992. The participants gradually developed forty-five modules for teaching literary selections at all levels of language study and became firmly convinced that students with only a brief exposure to French can read and understand authentic literary texts if these texts are presented to them in the right way.

During its first year, the NEH project focused on choosing well-known French poems and prose passages that would be appropriate for each of five levels of proficiency: elementary, upper elementary, lower intermediate, upper intermediate, and advanced. The creation of forty-five teaching modules that incorporated the structural and thematic material of each literary selection was a collaborative project carried out by nine faculty members, including the three co-authors of *Trésors littéraires.* During the second year, all nine of us created modules for French and francophone literary selections from Africa and the Caribbean, while implementing the earlier modules in the language and literature courses we were teaching at eight CUNY college campuses. During the following three years, participants met on a regular basis to revise and expand the modules based on feedback from pilot testing at the various campuses. Pilot testing in over forty classes was conducted by CUNY faculty, adjunct lecturers, and graduate students in the CUNY French Ph.D. program, who were mentored and supervised by NEH participants. We three co-authors gave presentations at regional, national, and international conferences (MLA, NEMLA, ACTFL, AATF) on this NEH project and conducted seminars demonstrating and developing various techniques for teaching language through literature. The response to these seminars was very positive. Many colleagues urged us to publish the NEH material in a reader. The comments and suggestions elicited from colleagues at other campuses have also been incorporated in this book.

Of the twenty chapters in this reader, eleven started out as modules created by CUNY NEH faculty. We three co-authors revised and expanded those modules and designed nine new ones to cover a broad spectrum of the contemporary, multicultural, francophone world. Criteria for inclusion reflect our goal to achieve a balance of gender, geographical regions, structural features, and a variety of themes that will be attractive to a broad range of students of different ages, ethnic and linguistic backgrounds, and academic interests. All chapters are based on literature that is meaningful and accessible to first- and second-year students. Recent studies by Schultz, "The Uses of Poetry in the Foreign Language Curriculum," *French Review* 69.6 (May 1996): 920–931; and by Shook, "Foreign Language Literature and the Beginning Learner-Reader," *Foreign Language Annals* 29.2 (Summer 1996): 201–216, confirm our belief that students benefit from reading and listening to poetry and prose selections, starting with the very first year of language study.

Benefits

Introducing literature early in the curriculum offers many benefits. Classes will be more exciting, since you will be teaching the literature you love, and students will probably catch some of your enthusiasm. You will spark their curiosity and challenge them to do some critical thinking. This content-based language instruction provides a rich intellectual stimulation. To quote Stryker and Leaver in *Content-Based Instruction in Foreign Language Education,* the effective use of authentic texts "has been a powerful force in propelling students to a higher level of foreign language proficiency" (Georgetown University Press, 1997, p. 9). By studying the literary selections in **Trésors littéraires,** students will increase their vocabulary, acquire effective reading strategies, and develop their listening, speaking, and writing skills. After their exposure to a poem or an excerpt from a novel, some of them will decide to read more poetry by a particular author or finish reading the novel they began in class. By giving students a taste of some of our favorite works of literature, we may stimulate an interest that will lead them to continue their studies in French.

Trésors littéraires reinforces the learning of structures and vocabulary while exposing students to some of the finest selections written in French. In order to appreciate the richness of French language and culture, one needs to be exposed to the literary texts that reflect the soul of the French and francophone people. One of our goals is to integrate language, literature, and culture into a seamless whole, an approach that is in line with current language acquisition philosophy. We favor a four-skills communicative approach where listening and speaking precede reading and writing and in which students are active participants. "They engage in conversations, provide and obtain information, express feelings and emotions, and exchange opinions," which is the goal for Communication as defined in ACTFL's "Standards for Foreign Language Learning: Preparing for the 21st Century." ACTFL's other four goal areas—Cultures, Connections, Comparisons, and Communities—have also been incorporated in this text. The recommendations of the AATF's National Commission on Cultural Competence are addressed in our reader, since we focus on cultural understanding and cross-cultural comparisons in the theme preparation and discussion questions and in the post-reading essay topics. We have also incorporated MLA's recommendations on the Teaching of Literature as reflected in the Special Issue of *PMLA,* Vol. 112, no. 1 (Jan. 1997), especially Keller, "First and Second-Language Literature Teaching Practices," 56–68.

Trésors littéraires is unique because it introduces literature at the earliest stages of language acquisition and can be used either alone or with any first- or second-year textbook. Since we offer a wide range of activities and approaches, our book is an ideal complement to any of the teaching materials and methods you currently use. This graded reader is divided into three units, called **étapes,** which correspond to three levels of proficiency: mid-novice, high-novice, and intermediate. The literary selections chosen for the **Première étape** are brief, accessible, and easy to memorize. Each chapter reinforces language skills by providing exercises for vocabulary building and simple structural review that give students many opportunities to apply the lessons they are learning in their language textbooks to the study of literature and culture. The Grammar/Vocabulary Correlation Grid on page xi enables you to coordinate the teaching of a particular structure (for example, descriptive adjectives, **-er** verbs, idioms with **avoir,** possessive adjectives, or commands) with a literary selection that illustrates that grammar point. This grid also lists the vocabulary and themes emphasized in the selections and accompanying activities. Most selections are self-contained and do not require extensive background knowledge; they can stand on their own or be coupled with another selection. The selections in the **Deuxième étape,** somewhat more difficult and more abstract in nature, are recommended for the second or third semester. The **Troisième étape,** which includes more African and Caribbean selections, is intended for the intermediate level. All the poetry and prose passages in this book appeal to the senses and to the reader's emotions and imagination.

Organization

Each chapter of *Trésors littéraires* is divided into four major sections: **À propos de l'auteur, Préparons-nous, Lisons** (which includes two sub-sections entitled **Analysons** and **Discutons**), and **Maintenant à vous** (which includes sub-sections called **Récitation/Prononciation, Avec un[e] partenaire,** and **Rédaction**).

- **À propos de l'auteur.** This brief biographical sketch of the author is provided in English at the beginning of each chapter. It offers basic information about the author, the origins of the selection, and the literary movement from which it came.

- **Préparons-nous** activities, conducted before students have any contact with the literary text, trigger interest and activate students' prior knowledge and cultural understanding so that when they read they feel more at ease and can better relate to the text. Activities such as brainstorming, free word association, role playing, grammar review, and pair and small-group discussions preview the themes, structures, and vocabulary and lay the foundation for the reading that will take place in class. Students will anticipate the content and "formulate hypotheses about the text" (Knutson, "Teaching Whole Texts: Literature and Foreign Language Reading Instruction," *French Review,* 67.1 [October 1993]: 16).

    In **Préparons-nous,** as in the later sections as well, a wide variety of activities is used in order to appeal to different learning styles. For visual learners, setting the mood with a visual cue is a good start, especially in selections such as *À ma mère,* in which cultural differences can be discussed. Kinesthetic learners may respond better to a concrete, physical approach, as in the type of role play we suggest for *Le Cancre.* Auditory learners are sometimes provided with exercises that highlight the beauty and musicality of the French language, as for example in Verlaine's *Ariettes oubliées III.*

- **Lisons.** The poems and prose excerpts in this book are brief and naturally lend themselves to dramatic recitation. For the initial reading in **Lisons,** we recommend that students' books be closed. Our approach places a high priority on listening, and it is our belief that listening to these literary selections read aloud will help illuminate their meaning.

Following the initial oral presentation of the passage, students read the selection silently. The **Analysons** exercises encourage students to sharpen their analytical skills as they answer comprehension questions, examine relationships among structure, vocabulary, and content, and attempt to understand how sound conveys meaning. As they move on to the **Discutons** exercises, students consider and discuss questions that deal with style and with personal interpretation. Questions become progressively more difficult, requiring more time for thought.

- **Maintenant à vous** is a collection of post-reading activities designed to reinforce both oral and written skills, to encourage students' creativity, and to stimulate critical thinking. The **Récitation/Prononciation** activities provide practice in pronunciation and intonation. This is one part of the lesson in which the accompanying audio program can be of use to students. **Avec un(e) partenaire** is intended to foster students' speaking skills. Each pair prepares an original dialogue based on one of the themes of the literary selection. They create new skits applying the vocabulary, structures, and idioms they have practiced in the chapter, and then perform their skits in front of the class.

  The **Rédaction** activities provide practice in developing students' writing skills. In some chapters, writing assignments are aimed at three different levels of proficiency. Students with only limited proficiency may be asked to write summaries, describe a scene or setting, or narrate events in logical sequence. Corresponding to the ACTFL definition of intermediate as being able "to create with a language," the second level of **Rédaction** activity may invite students who are somewhat more proficient to write an imaginary sequel to the events in the selection or perhaps narrate the events that might have preceded the writing of a text, as in *Dualisme.* More advanced students may be invited to compare and contrast the cultural content of two texts. In *Dors mon enfant,* for example, they may compare the poem to a lullaby of American or other cultural origin; in *L'appel des arènes,* they may compare a French author's view and a Senagalese author's view of the baobab tree as described in *Le Petit Prince* and *L'appel des arènes.* The most advanced students may be asked to express themselves on an abstract level, write critical essays, and analyze famous French quotations on the nature of life, freedom, reason, and emotions. By exposing all students to these challenging topics, we encourage them to reflect upon philosophical issues that have been raised by great French thinkers.

Supplements

The supplements listed here may accompany *Trésors littéraires: Initiation à la littérature française et francophone.* Please contact your local McGraw-Hill representative for details concerning policies, prices, and availability, as some restrictions may apply.

- **Listening Comprehension Program.** Available in audiocassette or audio CD format, this supplement provides a recorded version of the twenty selections in this reader. The instructor may duplicate his or her copy as necessary for students to listen on their own (see Instructor's Manual), or may choose to play the selections in class.
- **Instructor's Manual.** Contains suggestions for working with the materials in class, additional information about the authors, movements, and literary selections discussed in the reader, answers to grammar-based activities, and verb charts that may be copied for students.
- **Rand McNally New Millenium World Atlas.** This robust CD-ROM, available for student purchase, contains numerous detailed maps along with visuals and textual information (in

English) about key events in history, famous figures, important cities, and so on. The detail and information provided significantly enhances the foreign language experience from a cultural, historical, and geographical perspective.

Acknowledgments

Trésors littéraires could never have come to light without the extensive collaboration and research carried out during the original CUNY NEH project, and without continued efforts in selecting, writing, and rewriting over the last two years. We are confident that it will be a powerful and exciting instrument for instructors to disseminate their love of literature while helping students develop their language skills in French. Most important, in addition to increasing their knowledge of French, we believe that students will learn to appreciate and treasure French and francophone literature after having read and studied the carefully chosen selections in *Trésors littéraires.*

The authors wish to thank the members of the NEH group who helped initiate this project: Renée Waldinger, Executive Officer, CUNY French Ph.D. Program, Graduate School and University Center; Charles Hill, Brooklyn College; Edward Murphy, Queens College/City College of New York; Bernard Picard, Borough of Manhattan Community College; Lucienne Serrano, York College; and Alex Szogyi, Hunter College.

We gratefully acknowledge Bernard Picard and Fazia Aitel, who recorded the Listening Comprehension Program that accompanies this book. Their care, sensitivity, and personal interpretation help bring the literary selections to life. We also wish to thank Lora Schultz, Amanda Popkin, John Ruiz, and Alan Geoghegan for the illustrations and photographs—and the insight and personal vision—that they provided for *Trésors littéraires.*

We additionally would like to extend our deepest gratitude to our editor, Peggy Potter, for all the time and effort she devoted to this project. It was a delight working with her, and her contributions were invaluable.

Finally, the authors and publisher would like to acknowledge the suggestions received from the following instructors, who reviewed the manuscript in various stages of its development. The appearance of their names in this list does not necessarily constitute their endorsement of the text or its methodology.

Dominick A. De Filippis, Wheeling Jesuit College

Roger Hagedorn, University of South Dakota

Cheryl Krueger, University of Virginia

Judith Muyskens, University of Cincinnati

Michael Schwartz, East Carolina University

Anne-Marie Bourbon
Debra Popkin
Gloria Sawicki

❧ To the Student ❧

Trésors littéraires: Initiation à la littérature française et francophone enables you to start reading French and francophone literature as soon as you begin your study of French. From the very beginning, you will read simple but original prose and poetry written by renowned French-speaking authors.

It has been said that "to learn another language is to open a window on the world." By extension, reading literature in a foreign language opens that window even wider, allowing you to discover other ways of thinking. Above all, reading literature in another language helps you understand that there are universal problems, emotions, and truths that we all share, whatever our native language.

We invite you to discover other worlds through ***Trésors littéraires.*** What you will find is that in many instances, the daily lives, surroundings, and concerns of these writers have touched and provoked their sensitivity and feelings. They have conveyed their ideas and concerns in simple, touching language that allows beginning and advanced French students alike to admire and enjoy them. You will see that a house, a classroom, or a city can be brought to life through poetry, and that themes such as freedom, racism, injustice, duty, and love can be expressed in moving and powerful language. You can enter this enriching world of French and francophone literature without waiting until you have acquired a deeper knowledge of French or have enrolled in a literature course.

Here are some hints and strategies that will help you understand and appreciate each selection in ***Trésors littéraires.***

1. Read the introductory information about the author to help you know more about the time and country in which the selection was written.
2. Use the book's illustrations and photographs to find visual clues about the subject matter and mood of the selection.
3. During your first reading of the selection, skim to get the gist—the main ideas—without trying to understand the exact meaning of every word. Do this by finding words that are already familiar to you: cognates, synonyms, related words, and vocabulary you have already learned. You will be amazed to see how much French you already know!
4. Try to guess the meanings of unfamiliar words by looking at the context in which they are used. Often, this "guessing" results in deep rewards.
5. Follow the instructions and do the exercises in the book carefully. They have been designed to develop the new vocabulary, structures, and themes of each selection. You will be guided from the easier exercises of **Préparons-nous** through the **Lisons** exercises that help you read and understand the selection to the final **Maintenant à vous** exercises that allow you to expand on what you have read. At each step, you will move from a superficial reading of the selection to more profound understanding and analysis.
6. Pay special attention to the **Rédaction** assignments, in which you will have the opportunity to use new vocabulary and structures and develop the themes or ideas that you have just studied. These writing activities will be your best rewards. You will not only have read a memorable piece of literature, you will have understood it, analyzed it, and talked about it in class. Finally, you will be in a position to summarize the selection or offer your own opinions and ideas about it.

Bonne lecture!

Grammar/Vocabulary Correlation Grid

TITLE	GRAMMAR	VOCABULARY AND THEMES
Voyage à Paris	Agreement of adjectives; **-er** verbs of preference; **être**	Cities; Paris
Le Chat	Agreement of adjectives; **je voudrais**; **-er** verbs	Animals; happiness
La Fourmi	Prepositions with countries; **-er** verbs	Animals; insects; languages
Nadine	Agreement of adjectives; pronouns **le, la, les**; **-er** verbs; **être, prendre, venir**	Family and friends
Toutou à Paris	**Avoir**; expressions with **avoir**	Family; country life and city life
L'homme qui te ressemble	Possessive adjectives; imperative of **-er** verbs; **passé composé** with **avoir**	Continents; family; parts of the body; colors
Le Cancre	Definite articles with parts of the body; **dire**; **tout**	Parts of the body; classroom
Je ne t'aime pas, Paulus	**Passé composé**; imperfect tenses	Language levels; parent/child relationships
Ariettes oubliées III	**Faire**; weather expressions	Weather; emotions
Liberté	**Écrire**; **lire**	Classroom; freedom
Dualisme	Possessive adjectives and pronouns; **être à, appartenir à**; *if* clauses with imperfect and conditional; stressed pronouns	Love; possessions; relationships
La vie, c'est comme une une dent	**Tenir à**; **avoir mal à**; adverbs of sequence	Parts of the body; doctors and dentists
À ma mère	Imperfect; **passé simple; passé composé**; conditional	Family; mother/child relationships
Le Petit Prince	Reflexive verbs	Gardening; plants; daily routine
L'appel des arènes	**Venir de** + infinitive; present participle; **-ment** adverbs; **passé composé**; imperfect	African values and traditions
Dors mon enfant	Imperative; **dormir**	Family; feelings
Avant	**Avant/après**; **-er** verbs; sentence structure	Stages of life
Antigone	**Devoir** + infinitive; subjunctive; **n'avoir qu'à** + infinitive	Duty; idealism/realism
Les sans-abri	**Passé composé; passé simple**; imperfect	The homeless; developing countries
L'Amérique au jour le jour	Pronouns **me, te**; reflexive verbs	Breakfast; travel; drugstores

✤ Maps ✤

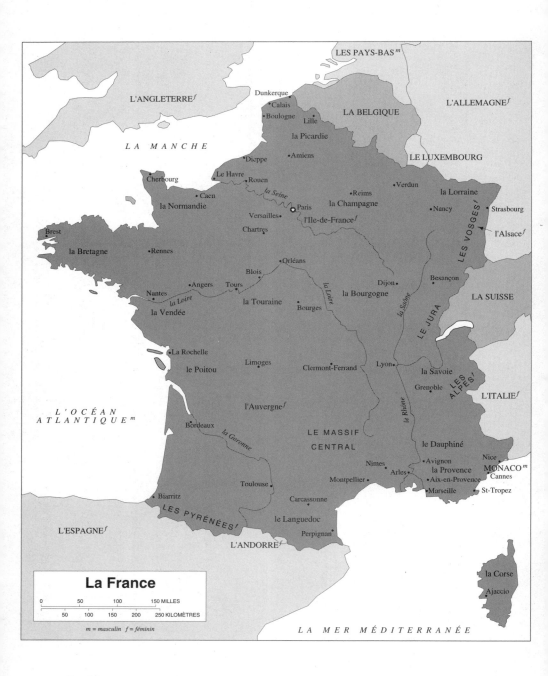

LES PAYS-BAS^m

L'ANGLETERRE^f

Dunkerque
Calais
Boulogne
Lille
LA BELGIQUE
la Picardie

LA MANCHE

Dieppe
Amiens
LE LUXEMBOURG

L'ALLEMAGNE^f

Cherbourg
Le Havre
Rouen
la Seine
Verdun
la Lorraine
Nancy
Strasbourg

Caen
la Normandie
Reims
la Champagne
Paris
Versailles
l'Ile-de-France^f
Chartres

LES VOSGES^f
l'Alsace^f

Brest
la Bretagne
Rennes

Orléans
Blois
Angers
Tours
la Touraine
Bourges
Dijon
la Bourgogne
Besançon
LA SUISSE

la Loire

la Saône

LE JURA^m

Nantes
la Loire
la Vendée

La Rochelle
le Poitou

Limoges

Clermont-Ferrand

Lyon

la Savoie
Grenoble

LES ALPES^f

L'ITALIE^f

L'OCÉAN
ATLANTIQUE^m

Bordeaux
la Garonne

l'Auvergne^f

LE MASSIF
CENTRAL

le Dauphiné

le Rhône

Nîmes
Avignon
Arles
la Provence
Aix-en-Provence
Marseille

Nice
MONACO^m
Cannes
St-Tropez

Toulouse

Biarritz

Montpellier

Carcassonne

le Languedoc

Perpignan

LES PYRÉNÉES^f

L'ESPAGNE^f

L'ANDORRE^f

LA MER MÉDITERRANÉE

la Corse
Ajaccio

La France

0	50	100	150 MILLES

| 50 | 100 | 150 | 200 | 250 KILOMÈTRES |

m = masculin   f = féminin

L'Europe*f*

0	50	100	200	300	400	500 MILLES		

0   100 200 300 400 500 600 700 800 KILOMÈTRES

m = masculin   f = féminin

Le français est la langue maternelle majoritaire

Le français est une des langues officielles

Le français est la langue administrative

Présence de la langue française sans statut particulier

Reykjavik
L'ISLANDE*f*

LA SUÈDE

LA FINLANDE

LA NORVÈGE

Helsinki

St-Pétersbourg

Oslo
Stockholm
Tallinn
L'ESTONIE*f*

LA RUSSIE

Moscou

L'ÉCOSSE*f*

LA MER
DU NORD

Riga
LA LETTONIE

L'IRLANDE DU NORD
LA GRANDE-
LE DANEMARK

LA LITUANIE

Vilnius
Minsk

L'IRLANDE*f* Dublin BRETAGNE
Copenhague
Tver

LE PAYS DE GALLES L'ANGLETERRE*f*
Amsterdam
Berlin
Varsovie
LA BIÉLORUSSIE

Londres
LES PAYS-BAS*m*
LA BELGIQUE
Bruxelles Bonn
L'ALLEMAGNE*f*
LA POLOGNE
Kyev

Jersey
Luxembourg
Prague
LA RÉPUBLIQUE
L'UKRAINE*f*

LE LUXEMBOURG
TCHÈQUE

Paris
LA SLOVAQUIE

L'OCÉAN
ATLANTIQUE*m*
LA FRANCE
Vienne
Bratislava
LA MOLDAVIE

Berne
Budapest
Chisinau

Lausanne
LA SUISSE
L'AUTRICHE*f*
LA HONGRIE

Genève
Ljubljana
Zagreb

le Val d'Aoste
LA SLOVÉNIE LA CROATIE
Belgrade
LA ROUMANIE

L'ITALIE*f*
Bucarest
LA MER
NOIRE

LA BOSNIE
HERZÉGOVINE
LE PORTUGAL
L'ANDORRE*f*
La Corse
Sarajevo LA SERBIE
LA BULGARIE

Madrid
Ajaccio
Rome
LE MONTÉNÉGRO
Sofia
Istanbul

Lisbonne
Titograd Skopje

L'ESPAGNE*f*
Tirana LA MACÉDOINE

L'ALBANIE*f*
LA TURQUIE

LA GRÈCE

LA MER MÉDITERRANÉE
Athènes

L'AFRIQUE*f*
LA CRÈTE

LA MER BALTIQUE
LA MER
ADRIATIQUE
LA MER ÉGÉE

Les Amériques*f*

Le français est la langue maternelle majoritaire

Le français est une des langues officielles

Le français est la langue administrative

Présence de la langue française sans statut particulier

0 100   500   1000   1500 MILLES
0   500   1000   1500   2000   2500 KILOMÈTRES

m = masculin   *f = féminin*

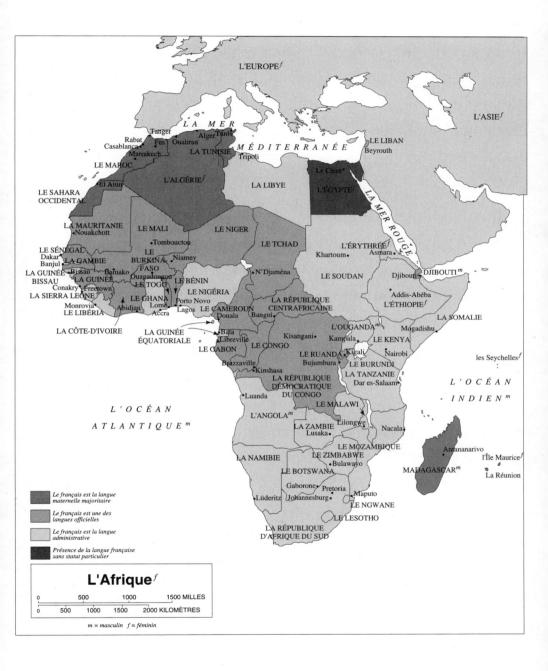

L'EUROPE^f

L'ASIE^f

LA MER

MÉDITERRANÉE

Tanger
Rabat   Alger Tunis
Casablanca Fès Ouahran   LE LIBAN
Marrakech   LA TUNISIE   Beyrouth
LE MAROC   Tripoli

Le Caire
El Aiun   L'ALGÉRIE   L'ÉGYPTE
LE SAHARA
OCCIDENTAL   LA LIBYE

LA MER

LA MAURITANIE   ROUGE
•Nouakchott   LE MALI   LE NIGER
LE SÉNÉGAL   LE TCHAD   L'ÉRYTHRÉE
Dakar •Tombouctou   Khartoum•   Asmara•
Banjul LE   Niamey•   DJIBOUTI^m
LA GAMBIE BURKINA•   •N'Djaména   LE SOUDAN   Djibouti•
LA GUINÉE Bissau FASO   Addis-Abéba
BISSAU Bamako• Ouagadougou   L'ÉTHIOPIE^f
Conakry•Freetown LE TOGO LE BÉNIN
LA SIERRA LEONE   LE NIGÉRIA   LA RÉPUBLIQUE   LA SOMALIE
Monrovia LE GHANA Porto Novo CENTRAFRICAINE
LE LIBÉRIA Lomé Lagos LE CAMEROUN
Abidjan Accra   Douala Bangui•   L'OUGANDA^m Mogadishu•
LA CÔTE-D'IVOIRE   Kisangani• Kampala•
LA GUINÉE   •Bata   •Nairobi
ÉQUATORIALE •Libreville LE CONGO LE RUANDA LE KENYA
LE GABON Brazzaville• •Kigali
Bujumbura• LE BURUNDI
•Kinshasa LA TANZANIE
LA RÉPUBLIQUE Dar es-Salaam•
DÉMOCRATIQUE
•Luanda DU CONGO
LE MALAWI   L'OCÉAN

L'OCÉAN   L'ANGOLA^m Lilongwe•   INDIEN^m
LA ZAMBIE Nacala•
ATLANTIQUE^m Lusaka•
LE MOZAMBIQUE
LA NAMIBIE LE ZIMBABWE   Antananarivo•
Bulawayo•   l'Île Maurice^f
LE BOTSWANA MADAGASCAR^m
Gaborone• Pretoria•   La Réunion
•Lüderitz Johannesburg• •Maputo
LE NGWANE
LE LESOTHO
LA RÉPUBLIQUE
D'AFRIQUE DU SUD

les Seychelles^f

	Le français est la langue maternelle majoritaire
	Le français est une des langues officielles
	Le français est la langue administrative
	Présence de la langue française sans statut particulier

L'Afrique^f

0   500   1000   1500 MILLES
0   500   1000   1500   2000 KILOMÈTRES

m = masculin   f = féminin

LE GROENLAND

LE CANADA

L'AMÉRIQUE

le Québec

St-Pierre-et-Miquelon^f

l'Île du Prince-Édouard^f

la Nouvelle-Écosse

le Nouveau-Brunswick

DU NORD^f

la Louisiane

la Nouvelle-Angleterre

L'OCÉAN PACIFIQUE^m

LES ANTILLES
FRANÇAISES^f

HAÏTI^m

la Guadeloupe

la Dominique

la Martinique

LA GUYANE

les Îles Marquises^f

L'AMÉRIQUE

Vanuatu^m

les Îles Tuamotu^f

DU SUD^f

Tahiti^f

la Nouvelle-Calédonie

LA POLYNÉSIE FRANÇAISE^f

Les régions
francophones du monde

| 0 | 1000 | 2000 | 3000 | 4000 MILLES |

| 0 | 1000 | 2000 | 3000 | 4000 | 5000 | 6000 KILOMÈTRES |

m = masculin   f = féminin

L'EUROPE ^{f}

LA BELGIQUE

LE LUXEMBOURG

LA FRANCE LA SUISSE

L'ASIE ^{f}

LE MAROC

LA TUNISIE LA SYRIE

L'ALGÉRIE ^{f}

LE SAHARA-OCCIDENTAL

L'EGYPTE

L'AFRIQUE

LE LAOS

L'OCÉAN PACIFIQUE ^{m}

LA MAURITANIE LE MALI LE NIGER

LE SÉNÉGAL LE TCHAD

LE VIÊT-NAM

DJIBOUTI ^{m}

Pondicherry LE CAMBODGE

LA GUINÉE LE BÉNIN

LE BURKINA-FASO

LA RÉPUBLIQUE CENTRAFRICAINE

LE CAMEROUN

LA CÔTE-D'IVOIRE LE GABON

LE RUANDA

LE TOGO LE CONGO

LE BURUNDI

les Seychelles ^{f}

LA RÉPUBLIQUE DÉMOCRATIQUE DU CONGO

les Comores ^{f}

L'OCÉAN INDIEN ^{m}

L'OCÉAN ATLANTIQUE ^{m}

l'Île Maurice ^{f}

MADAGASCAR ^{f}

La Réunion

L'AUSTRALIE ^{f}

Le français est la langue maternelle majoritaire

Le français est une des langues officielles

Le français est la langue administrative

Présence de la langue française sans statut particulier

Première étape

Voyage à Paris

Guillaume Apollinaire (1880–1918) revolutionized French poetry. He experimented with new forms such as **poèmes conversations** and **calligrammes**[1] and new themes including modern art and modern city life. While serving as a soldier on the western front during World War I, Apollinaire suffered a head wound from which he never fully recovered. He died in 1918 from influenza compounded by the effects of that war wound. Apollinaire's efforts to surprise and astonish by means of unusual verbal associations inspired surrealist[2] poets like André Breton, Louis Aragon, and Paul Éluard.

PRÉPARONS-NOUS

A. Complétez les phrases suivantes avec des mots que vous associez à Paris.

1. À Paris on trouve _____, _____ et _____.
2. Paris est _____, _____ et _____.
3. Paris inspire _____, _____ et _____.

B. Répétez l'exercice A en substituant une autre ville ou un pays. Par exemple: New York, Québec, le Sénégal.

---

[1]**calligramme:** A poem in which the typographical arrangement on the page illustrates the subject of the poem.

[2]**surrealist:** Surrealism was an artistic and literary movement of the 1920s and 1930s characterized by the rejection of conventional forms and logic in favor of the creation of fantastic or incongruous images using unexpected juxtapositions and combinations.

Paris, Montmartre, descente d'escaliers

C. Complétez les phrases en employant les adjectifs suivants. Faites les accords nécessaires.

agréable   dangereux
amusant   fascinant
bilingue   froid
charmant   morose
chaud   riche
cosmopolite   rural

MODÈLE: Rome est une ville historique et intéressante.

1. Paris est une ville ＿＿＿ et/mais ＿＿＿.
2. New York est une ville ＿＿＿ et/mais ＿＿＿.
3. La France est un pays ＿＿＿ et/mais ＿＿＿.
4. Le Canada est un pays ＿＿＿ et/mais ＿＿＿.
5. La Martinique est une île ＿＿＿ et/mais ＿＿＿.

D. Écrivez un paragraphe de trois à quatre phrases sur une ville ou un pays que vous connaissez bien.

Verbes utiles: aimer, détester, être, préférer, trouver

Mots et expressions

dut	must have (*from* **devoir**)
morose	moody, gloomy
quitter	to leave

Voyage à Paris

Ah! la charmante chose
Quitter un pays morose
Pour Paris
Paris joli
Qu'un jour
Dut créer l'Amour
Ah! la charmante chose
Quitter un pays morose
Pour Paris

Poèmes retrouvés, 1914

Lisons

Analysons

A. Lisez le poème attentivement et répondez aux questions suivantes.

1. Quelles associations le poète fait-il avec Paris?
2. Quels sentiments le poète éprouve-t-il?
3. Comment exprime-t-il ces sentiments?
4. Quel est le ton du poème (triste ou gai, optimiste ou pessimiste...)?

Discutons

B. Discutez des questions suivantes.

1. Donnez un exemple d'un pays morose et d'une ville morose. Quels quartiers de votre ville trouvez-vous moroses? Pourquoi?
2. Quelle est la différence entre «amour» et «Amour»? Pourquoi le poète choisit-il «Amour»?
3. Que représente un voyage à Paris pour le poète (la découverte, l'évasion, le changement...)? Et pour vous?

$\mathcal{M}$AINTENANT À VOUS

Récitation/Prononciation

A. Avec un(e) partenaire, lisez le poème à voix haute (*aloud*). Notez la répétition de certains sons (*sounds*) et phrases, et puis faites attention à la prononciation et à l'intonation.

Rédaction

B. Choisissez une des rédactions suivantes.

1. Écrivez un résumé du poème. Quel pays le poète quitte-t-il? Où va-t-il? Pourquoi?
2. Écrivez un slogan publicitaire pour encourager des touristes à visiter votre ville ou votre pays. Par exemple: «Quittez votre pays morose! Venez! Découvrez Paris!»
3. Écrivez un paragraphe ou un poème sur Paris ou une autre ville que vous connaissez.

Le Chat

PROPOS DE L'AUTEUR

Guillaume Apollinaire (1880–1918) is noted for his art criticism as well as for his fanciful, lyrical, and poignant verse. He defended the work of such painters as Picasso, Matisse, Léger, and Chagall. He also introduced his contemporaries to the paintings of Henri Rousseau and to African sculpture. His collections *Le Bestiaire* (*Bestiary,* 1911), *Alcools* (*Alcohol,* 1913), and *Calligrammes* (1918) illustrate his direct, innovative style, which often involves eliminating all punctuation.

PRÉPARONS-NOUS

A. Classez les animaux suivants selon leur taille: petit, de taille moyenne ou énorme. Pour chaque catégorie, trouvez deux animaux supplémentaires.

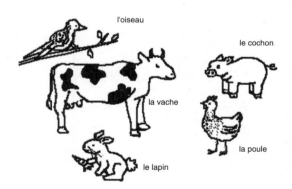

l'oiseau

le cochon

la vache

la poule

le lapin

MODÈLE: Le canard est petit.

le canard (*duck*)	le cochon	le lion	la poule
le chat	l'éléphant	l'oiseau	le rhinocéros
le cheval	la girafe	le pingouin	le tigre
le chien	le lapin	le poisson rouge (*goldfish*)	la vache

Maintenant, classez les mêmes animaux selon les catégories suivantes: animaux domestiques, animaux sauvages, animaux comestibles.

> MODÈLE: Le canard est un animal domestique et comestible. Il y a aussi des canards sauvages.

B. Répondez.

1. Quels traits (la fidélité, l'indépendance, la docilité, la férocité...) associez-vous à chacun des animaux de l'exercice A?
2. Avez-vous un animal chez vous? Comment s'appelle-t-il?
3. Aimez-vous les chats? Complétez la phrase suivante: J'adore / Je déteste les chats parce que...

C. Pour chaque catégorie, dressez une liste de mots que vous associez au bonheur (*happiness*).

> Catégories:
> personnes   objets   activités   animaux

Maintenant, complétez les phrases suivantes en employant les mots que vous venez de donner.

1. Pour être heureux/heureuse, j'ai besoin de _____, _____ et _____.
2. Je ne peux pas vivre sans _____, _____ et _____.
3. Dans dix ans, je vais avoir besoin de _____, _____ et _____.
4. Dans ma maison, je désire avoir _____, _____ et _____.

Mots et expressions

ayant	having, possessing (*from* **avoir**)
je peux	I can, I am able (*from* **pouvoir**)
je souhaite	I wish for
passant parmi	passing among (*from* **passer**)
la raison	reason
sans lesquels	without which

Le Chat

Je souhaite dans ma maison:
Une femme ayant sa raison,
Un chat passant parmi les livres,
Des amis en toute saison
Sans lesquels je ne peux pas vivre.

Le Bestiaire, 1911

Lisons

Analysons

A. Lisez le poème et observez la versification.

1. Combien de syllabes y a-t-il dans chaque vers?
2. Quelle est la rime du poème?

Discutons

B. Discutez des questions suivantes.

1. Qu'est-ce que le poète souhaite avoir dans sa maison?
2. Quelle sorte de femme préfère-t-il?

3. Où imagine-t-il le chat? Que représente cette image pour vous?
4. Qu'est-ce que vous aimez le plus dans ce poème? Pourquoi?

$\mathcal{M}$AINTENANT À VOUS

Récitation/Prononciation

A. Avec un(e) partenaire, lisez le poème à voix haute. Notez les rimes et le sens de chaque vers, et puis faites attention à la prononciation et à l'intonation.

Rédaction

B. Choisissez une des rédactions suivantes.

1. Écrivez un résumé du poème. Que désire le poète? Pourquoi?
2. Décrivez la vie quotidienne (*daily*) du poète (sa maison, ses activités).
3. Qu'est-ce qui est essentiel à votre bonheur? Quels objets? Quelles personnes? Quelles activités?

La Fourmi

Å PROPOS DE L'AUTEUR

Robert Desnos (1900–1945) was born in Paris. He started writing poetry along with the surrealists[1] and was praised for his daring experimentation with the world of dream and fantasy. Desnos split with the surrealists because he continued to use the formal modes of poetic expression and because he chose to remain a journalist. During World War II, he played a major role in the Resistance[2] and was deported to a concentration camp in Buchenwald. He died of typhoid fever in a liberated hospital in Czechoslovakia. Desnos is remembered for his ironic point of view and his original, lyrical style.

The poem "La Fourmi" (*"The Ant"*) describes an imaginary insect that would be difficult to find in the real world. While providing a colorful portrait of this fabulous creature, the poet at the same time vigorously denies its existence.

𝒫RÉPARONS-NOUS

A. Répondez aux questions suivantes.

1. Quelle(s) langue(s) parlez-vous couramment?
2. Quelle(s) langue(s) étudiez-vous?
3. Quelle(s) langue(s) parle-t-on au Canada (au Mexique, aux États-Unis)?
4. Où parle-t-on portugais? allemand? japonais? espagnol? français?

---

[1]surrealists: See "Voyage à Paris," note 2.
[2]Resistance: During the Occupation of France by Germany in World War II, members of the Resistance opposed the French government in Vichy, which was collaborating with the Nazis. They fought underground to free France from Nazi control.

B. Demandez à votre voisin(e) s'il (si elle) comprend les langues suivantes: français, anglais, chinois, italien, russe, javanais.

C. Dites si les animaux suivants existent ou n'existent pas. S'ils n'existent pas, proposez une situation plus réaliste.

MODÈLE: des éléphants qui parlent anglais →
Des éléphants qui parlent anglais n'existent pas. Mais des éléphants qui dansent existent au cirque (*in the circus*).

1. des renards (*foxes*) qui mangent des poules
2. des mouches (*flies*) qui mangent de la viande
3. des canards qui dansent le tango
4. des pingouins qui lisent (*read*) *Le Monde*
5. des chevaux qui chantent la Marseillaise

D. Faites des phrases en trouvant la description qui convient à chacun des insectes dans le dessin (*drawing*).

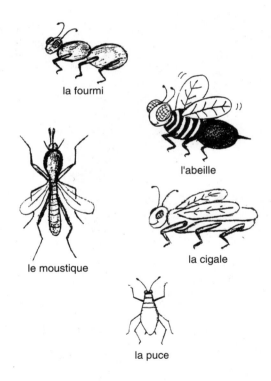

la fourmi

l'abeille

le moustique

la cigale

la puce

1. fabrique du miel (*honey*)
2. pique (*bites*) les chiens

3. est très travailleuse
4. dérange (*disturbs*) notre sommeil
5. chante (*sings*) tout l'été

Mots et expressions

le char	wagon, chariot
parlant	speaking (*from* **parler**)
plein de	filled with
traînant	pulling, dragging (*from* **traîner**)

La Fourmi

Une fourmi de dix-huit mètres
Avec un chapeau sur la tête,
Ça n'existe pas, ça n'existe pas.
Une fourmi traînant un char
Plein de pingouins et de canards,
Ça n'existe pas, ça n'existe pas.
Une fourmi parlant français,
Parlant latin et javanais,
Ça n'existe pas, ça n'existe pas.
Eh! Pourquoi pas?

Chantefables et Chantefleurs, 1955

⚜ ⚜ ⚜ ⚜ ⚜

$\mathcal{L}$ISONS

Analysons

A. Lisez attentivement le poème et dressez une liste des mots clés. Puis comparez et discutez votre liste avec votre voisin(e).

B. Lisez les phrases suivantes et dites si elles sont vraies ou fausses. Si la phrase est fausse, corrigez-la.

1. La fourmi dans ce poème est de taille moyenne.
2. La fourmi porte un manteau.
3. La fourmi traîne un char.
4. Le char est plein de foin (*hay*).
5. La fourmi parle trois langues.

Maintenant, comparez vos réponses avec celles de votre voisin(e). En cas de différence, défendez votre point de vue.

C. Répondez aux questions sur la versification.

1. Quel verbe est répété par le poète? Pourquoi?
2. Quelle est la ponctuation du poème?
3. Identifiez les mots qui reviennent.
4. Où se trouvent les rimes?
5. Quel est l'effet de ces rimes? Est-ce qu'il est sérieux? surréel? comique?

Discutons

D. Relisez le poème, puis discutez des questions suivantes.

1. Il y a quatre paradoxes dans ce poème. Identifiez-les.
2. Qu'est-ce que vous associez à une fourmi?
3. À votre avis, que représente la fourmi dans ce poème?
4. Pourquoi la fourmi est-elle si grande?
5. Pourquoi traîne-t-elle un char avec des passagers? Où vont-ils?
6. Pourquoi la fourmi parle-t-elle plusieurs langues?
7. Qu'est-ce que le poète exprime par la question «Pourquoi pas?» à la fin?

$\mathcal{M}$AINTENANT À VOUS

Récitation/Prononciation

A. Avec un(e) partenaire, lisez le poème à voix haute. Pensez à l'image de la fourmi et faites attention à la prononciation et à l'intonation.

Avec un(e) partenaire

B. Préparez un dialogue d'environ douze lignes entre deux animaux qui sont amis ou ennemis.

Rédaction

C. Écrivez un paragraphe de trois ou quatre phrases sur un des sujets suivants.

1. Décrivez un animal réel ou imaginaire. Utilisez autant de verbes et d'adjectifs que possible.
2. Le poème présente quatre paradoxes. À votre avis, que symbolisent-ils?

Nadine

À PROPOS DE L'AUTEUR

Georges L. Godeau (1921–) composes extremely concise prose poems that are like snapshots of average people going about their daily lives. Yet these vignettes depict the essence of human existence: its dignity, courage, humor, and nostalgia. The most recent collections of his poetry are *C'est comme ça* (*That's the Way it Is*, 1988), *Après tout* (*After All*, 1991), and *On verra bien* (*We'll See*, 1995). Although his work is widely translated (especially into Japanese and Russian), very little has appeared in English.

PRÉPARONS-NOUS

A. Créez des phrases avec les éléments suivants. Utilisez deux adjectifs dans chaque phrase et faites les accords nécessaires.

MODÈLE: Ma mère est énergique et intelligente.

		dynamique	critique
		énergique	drôle
Ma mère		sympathique	égoïste (*selfish*)
Mon père		optimiste	méchant
Mes amies	être	sérieux	ennuyeux
Le professeur		enthousiaste	bête (*stupid*)
Les étudiants		timide	amusant
Le Président		actif	patient
		autoritaire	travailleur
		intelligent	naïf

B. Complétez les phrases suivantes avec des adjectifs. Utilisez les adjectifs de l'exercice A si nécessaire.

1. Avec mes parents, je suis _____ et _____.
2. Avec mes copains, je suis _____ et _____.
3. Avec mon petit ami (ma petite amie, mon mari, ma femme), je suis _____ et _____.
4. Avec les enfants, je suis _____ et _____.
5. Avec mes collègues, je suis _____ et _____.
6. Avec mes professeurs, je suis _____ et _____.

C. Remplacez les mots en italique par les pronoms d'objet direct **le, la** ou **les.**

MODÈLE: Elle passe *le dimanche* chez ses parents. →
            Elle *le* passe chez ses parents.

1. Je passe *mes vacances* au bord de la mer.
2. Mon père prend *le café* après le repas.
3. La mère conduit *les enfants* à l'école.
4. Je ne trouve pas *mon livre* dans le salon.
5. Le grand-père va chercher *Nicole* à la gare.

D. Remplacez les blancs par la forme convenable d'un des verbes suivants.

amener	parler	prendre
demander	passer	venir

Tous les ans, je _____^{1} mes vacances chez mes grands-parents à Quimper, en Bretagne. Je _____^{2} le train à Paris et mon grand-père _____^{3} me chercher à la gare de Quimper. Ma grand-mère me _____^{4} toujours des nouvelles de mes parents. J'aime lui _____^{5} de l'école, des copains et de mon chat, Ficelle. À la fin des vacances, mon grand-père m'_____^{6} à la gare avec une valise pleine de cadeaux.

E. Discutez des questions suivantes avec un(e) partenaire.

1. Avez-vous des grands-parents? Comment est votre grand-père? Comment est votre grand-mère?
2. De quoi parlez-vous avec votre grand-père? avec votre grand-mère?
3. Où allez-vous pour retrouver vos copains? De quoi parlez-vous avec vos copains?
4. De quoi parlez-vous avec un nouveau petit ami (une nouvelle petite amie)?
5. Avec qui aimez-vous passer votre temps? Que faites-vous ensemble?

Mots et expressions

s'assoit	sits down (*from* **s'asseoir**)
l'avenir (*m.*)	future
la bande de copains	group of friends
celui-ci	the latter
l'étranger (*m.*)	stranger
reconduire	to drive back
le visage	face

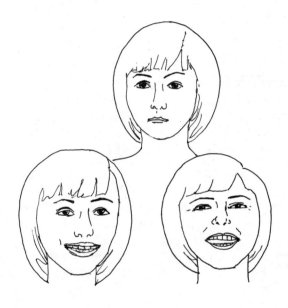

Nadine

Nadine a trois visages, l'un pour son grand-père qui va la chercher à la gare, qui lui demande des nouvelles de sa mère, de sa santé, des vacances et qui la reconduit avec des billets plein sa poche, l'autre pour l'étranger qui entre, s'assoit pour déjeuner, prend le café et lui parle d'école, de peinture et de son avenir et le dernier enfin pour la bande de copains avec qui elle passe la plupart de son temps. C'est celui-ci qui fait le charme des deux autres.

C'est comme ça, 1988

$\mathscr{L}$ISONS

Analysons

A. Lisez le texte et trouvez les synonymes des mots suivants.

1. la face
2. l'argent
3. le futur
4. les amis
5. le groupe
6. l'inconnu

B. Indiquez si les phrases suivantes sont vraies ou fausses. Si la phrase est fausse, corrigez-la.

1. Le grand-père de Nadine va la chercher à l'aéroport.
2. Nadine parle de ses vacances avec son grand-père.
3. Son grand-père lui donne de l'argent.
4. Nadine parle avec l'étranger.
5. L'étranger n'a pas faim.
6. Nadine ne passe pas beaucoup de temps avec ses copains.
7. Nadine est très à l'aise avec ses amis.

Discutons

C. Discutez des questions suivantes.

1. À votre avis, quel âge a Nadine?
2. Quels sont les trois visages de Nadine?
3. Comment Nadine est-elle avec son grand-père? Comment qualifiez-vous leur relation?
4. Comment Nadine est-elle avec un étranger?
5. Comment Nadine est-elle avec ses copains?
6. Est-ce que votre personnalité change quand vous êtes en famille, avec des étrangers, avec vos amis? Expliquez.

$\mathcal{M}$AINTENANT À VOUS

Avec un(e) partenaire

A. Travaillez avec un(e) ou deux partenaires et créez un dialogue sur un des sujets suivants.

1. Imaginez le dialogue entre Nadine et son grand-père (et/ou sa grand-mère).
2. Imaginez le dialogue entre Nadine et l'étranger. Où sont-ils? Que font-ils?
3. Imaginez la conversation entre Nadine et ses copains. Où sont-ils? Que font-ils?

Rédaction

B. Écrivez un paragraphe de quatre ou cinq phrases sur un des sujets suivants.

1. Nadine a trois visages. Lequel préférez-vous? Pourquoi?
2. Faites un portrait de Nadine. Vous pouvez parler de ses activités, de sa famille, de ses amis, de son caractère.
3. Combien de visages avez-vous? Lequel est le vrai? Expliquez.

Toutou à Paris [extrait]

À PROPOS DE L'AUTEUR

Relatively little is known about **Magdeleine du Genestoux** (c. 1860–1942). She lived both in Paris and in the Loire region, which she loved and where her family had a large country house. Du Genestoux wrote more than sixty novels that have delighted many French readers, children and young adults alike. She also served as Director of the Children's Section for the prominent French publishing firm Hachette. Her books show that Magdeleine du Genestoux was a talented writer with a keen sense of observation and humor.

*P*RÉPARONS-NOUS

A. Répondez aux questions suivantes.

1. Avez-vous des frères et des sœurs, des oncles et des tantes, des cousins et des cousines, des grands-parents? Si oui, combien?
2. Êtes-vous proche des membres de votre famille?
3. À qui parlez-vous quand vous avez des problèmes?
4. Quand il y a une réunion dans votre famille, quels sont les membres de votre famille qui viennent?

B. Avec un(e) partenaire, complétez les phrases avec trois mots pour chaque catégorie.

Catégories:
édifices   véhicules   animaux   végétation   divers

1. En ville on trouve...
2. À la campagne on trouve...

C. Répondez aux questions suivantes.

1. Où habitez-vous: en ville ou à la campagne?
2. Que préférez-vous: la ville ou la campagne?
3. Quels sont les aspects de la ville / la campagne que vous aimez? Quels sont les aspects que vous n'aimez pas?

4. Après l'université, où voulez-vous habiter: en ville ou à la campagne? Pourquoi?

D. Travaillez avec un(e) partenaire et dressez une liste des expressions avec **avoir** que vous connaissez (**avoir peur**, etc.). Puis, complétez les phrases suivantes avec les expressions que vous avez trouvées.

1. En hiver, quand la température est basse, j'_____.
2. Marie, tu _____ malade aujourd'hui, tu es pâle.
3. Après un match de tennis nous buvons un grand verre d'eau parce que nous _____.
4. Il dit que les Français ne boivent jamais de vin. Il _____.
5. Avant un examen Marie _____ et elle tremble!
6. Quand ils _____, ils mangent un bon repas.
7. C'est l'été, il fait 30°C, et j'_____; je vais aller nager.
8. Est-ce que tu _____ aller au cinéma avec moi?
9. En général, en été, les étudiants travaillent parce qu'ils _____ argent pour payer leurs études et leurs livres.
10. —Quel âge _____-vous? —J'_____.
11. Si vous dites: «2 + 2 = 4», vous _____.
12. Il est quatre heures du matin. Est-ce que tu _____?

E. Répondez aux questions suivantes.

1. Êtes-vous déjà allé(e) en France?
2. Connaissez-vous Paris?
3. Quels monuments connaissez-vous à Paris?
4. Que voudriez-vous voir à Paris?
5. Aimeriez-vous habiter à Paris? Pourquoi ou pourquoi pas?

Paris, les Champs Elysées et l'Arc de Triomphe

Mots et expressions

arroser	to water
s'appuyer contre	to lean on/against
se cogner	to bump/bang oneself on/against
le drapeau	flag
effronté	brazen, insolent
étouffer	to suffocate
insouciant	carefree
j'aurais voulu voir	I would have liked to see
le moineau	sparrow
ne... guère	scarcely, hardly

Toutou is the nickname of Louis Montauban, a little boy who has just arrived in Paris with his family to pay a visit to his uncle, aunt, and cousins. Toutou lives with his grandparents in the country, where nature, animals, fields, trees, and flowers are part of his everyday life. In this passage, Toutou writes to his grandparents describing his first impressions of the capital.

Toutou à Paris [extrait]

Paris, rue Guynemer.

«Ma chère grand'mère,

«Mon cher grand-père,

«Je veux vous raconter tout de suite ma première promenade dans Paris [...] Nous avons contemplé l'Arc de Triomphe, où j'aurais voulu voir passer un régiment, avec beaucoup de drapeaux. Les Champs-Élysées sont très larges, mais les pauvres arbres ont l'air d'y souffrir. Comme ils sont seulement arrosés par la pluie, ils ont soif, faim sans doute aussi, puisqu'ils n'ont guère de terre, de bonne terre pour les racines. [...] Les Invalides sont magnifiques; c'est imposant. [...] Le long des quais, il y a des arbres aussi. Ceux-là ont de l'eau, mais ils souffrent aussi, car ils s'appuient contre des murs en pierre. Très mauvais ça, pour les arbres, n'est-ce pas, grand-père? Quant aux animaux, il y en a peu. Des chevaux maigres qui tirent des voitures trop chargées, des chiens insouciants, des oiseaux... des moineaux effrontés [...] Les autos, c'est très amusant, ça va vite et ça se cogne souvent. Je vous dirai

Paris, la Seine et les quais

que j'étouffe un peu et puis il y a trop de bruit et il faut toujours être habillé correctement. [...]

«Beaucoup de baisers de votre petit-fils qui vous aime tant.

«Toutou.»

«*P.S.* On ne peut rien faire d'amusant à Paris!»

Toutou à Paris, 1929

$\mathcal{L}$ISONS

Analysons

A. Travaillez avec un(e) partenaire et lisez le passage avec attention.

1. Dressez une liste des mots que vous ne connaissez pas, puis une deuxième des mots dont vous pouvez deviner le sens.
2. Relevez dans le texte toutes les expressions avec **avoir**.

B. Relisez le texte attentivement. Faites des phrases pour décrire ce que Toutou découvre à Paris.

les Champs Élysées		maigres
les Invalides		chargées
chevaux		pauvres
voitures	être	magnifiques
chiens		bonne
arbres		insouciants
moineaux		effrontés
terre		larges

Discutons

C. Discutez des questions suivantes.

1. Pourquoi Toutou aimerait-il voir un régiment et des drapeaux sur les Champs-Élysées?
2. Pourquoi les arbres ont-ils l'air de souffrir?
3. Quels sont les éléments qui montrent que Toutou vient de la campagne?
4. Quels sont les animaux qu'il voit à Paris?
5. Est-ce que Toutou est heureux d'être à Paris?
6. Quelles sont ses réactions quand il voit les monuments, la nature et les animaux parisiens?
7. Quelles sont ses impressions de Paris?

$\mathcal{M}$AINTENANT À VOUS

Avec un(e) partenaire

A. Créez un dialogue sur un des sujets suivants.

1. Vous revenez d'un voyage. Votre ami(e) vous pose des questions.
2. Vous arrivez dans une nouvelle ville. Vous allez au bureau de tourisme et vous demandez des renseignements.
3. Discutez les avantages et les inconvénients d'habiter en ville ou d'habiter à la campagne.

Rédaction

B. Écrivez une petite rédaction sur un des sujets suivants en utilisant le nouveau vocabulaire.

1. En quelques phrases faites un résumé de la lettre de Toutou à ses grands-parents. Qu'est-ce qui est important pour Toutou? Qu'est-ce qui n'est pas important?
2. Vous venez d'arriver dans une ville que vous ne connaissez pas. Écrivez une courte lettre à un ami (une amie) pour lui décrire vos premières impressions.
3. Vous habitez en ville ou à la campagne? Quels en sont les avantages et les inconvénients?

L'homme qui te ressemble

A PROPOS DE L'AUTEUR

René Philombe (1930–) was born in Cameroon. Poet, novelist, journalist, and playwright, he was the driving force behind the national writers' union of Cameroon. Stricken with polio in 1957, he continued his work as a writer and political activist. In *Lettres de ma cambuse* (*Letters from my Hut,* 1964), he recorded the trivial events he observed from his **cambuse** and transformed them into parables of modern African life. Greatly influenced by the literary movement known as **Négritude,**[1] Philombe's poetry expresses a yearning for freedom from oppression and a dream of brotherhood that transcends race and color to defend the rights of all human beings.

PRÉPARONS-NOUS

A. Un étranger frappe à votre porte. Quelle est votre réaction? Avez-vous peur? Êtes-vous curieux/curieuse? Ouvrez-vous la porte? Que dites-vous?

B. Combien y a-t-il de continents? Travaillez avec un(e) partenaire et dressez une liste des continents. De quels continents sont les personnes suivantes?

> MODÈLE: Pierre est français. Il est *d'Europe.*

1. Modou est sénégalais. Il est d'_____.
2. Anissa est marocaine. Elle est d'_____.
3. Jean est québécois. Il est d'_____.
4. Fernando est colombien. Il est d'_____.
5. Miko est japonaise. Elle est d'_____.
6. Giovanni est italien. Il est d'_____.
7. Richard est australien. Il est d'_____.

---

[1]**Négritude:** Literary movement of the 1930s, 1940s, and 1950s that began among French-speaking African and Caribbean writers living in Paris as a protest against French colonial rule and the policy of assimilation.

La fraternité

C. Quelle(s) couleur(s) associez-vous aux mots suivants?

1. les yeux
2. les cheveux
3. le cœur

4. les dents
5. la peau
6. la bouche

D. Avec un(e) partenaire, créez des dialogues selon les modèles suivants pour identifier les personnes suivantes. Employez les adjectifs possessifs **mon, ma, mes, ton, ta, tes, son, sa** ou **ses.**

MODÈLES: le père → —Est-ce que c'est ton père?
—Oui, c'est mon père.

les cousins → —Est-ce que ce sont tes cousins?
—Non, ce ne sont pas mes cousins. Ce sont les cousins de Roger. Ce sont ses cousins.

1. le frère
2. la sœur
3. les parents

4. les enfants
5. l'oncle

E. Complétez le paragraphe suivant au *passé composé.*

Un jour, un homme _____¹ (frapper) à ma porte. Il _____² (demander) quelque chose à manger. Je l'_____³ (inviter) à dîner avec moi. Je lui _____⁴ (poser) beaucoup de questions et il _____⁵ (répondre) très patiemment. Il _____⁶ (ajouter): «Les autres _____⁷ (refuser) de m'aider et ils m'_____⁸ (repousser).»

Mots et expressions

car	for, because
les cieux (le ciel)	skies, heavens
les dieux (le dieu)	gods
l'épaisseur (f.)	thickness
frapper	to knock (*on the door*)
la longueur	length
repousser	to push away; to reject
ressembler à	to resemble

L'homme qui te ressemble

J'ai frappé à ta porte
J'ai frappé à ton cœur
pour avoir bon lit
pour avoir bon feu
pourquoi me repousser?
Ouvre-moi mon frère... !

Pourquoi me demander
si je suis d'Afrique
si je suis d'Amérique
si je suis d'Asie
si je suis d'Europe?
Ouvre-moi mon frère... !

Pourquoi me demander
la longueur de mon nez
l'épaisseur de ma bouche
la couleur de ma peau
et le nom de mes dieux?
Ouvre-moi mon frère... !

Je ne suis pas un noir
Je ne suis pas un rouge
Je ne suis pas un jaune
Je ne suis pas un blanc
mais je ne suis qu'un homme
Ouvre-moi mon frère... !

Ouvre-moi ta porte
Ouvre-moi ton cœur
Car je suis un homme
l'homme de tous les temps
l'homme de tous les cieux
l'homme qui te ressemble!...

Petites gouttes de chant pour créer l'homme: poèmes, 1977
✤ ✤ ✤ ✤ ✤

ISONS

Analysons

A. Lisez le poème attentivement en notant toutes les répétitions. Puis répondez aux questions suivantes.

1. Combien de fois le vers «Ouvre-moi mon frère» est-il répété? Quel est l'effet de cette répétition?
2. Quelles autres répétitions trouvez-vous dans le poème? Quel est l'effet de ces répétitions?
3. Combien de personnes est-ce qu'il y a dans ce poème? Qui sont-elles? Décrivez-les.

B. Lisez le poème à voix haute. À votre avis, est-ce que ce poème ressemble à une prière? à une chanson? Pourquoi ou pourquoi pas?

Discutons

C. Discutez des questions suivantes.

1. À qui le poète s'adresse-t-il?
2. Qu'est-ce qu'il demande?
3. Quels arguments emploie-t-il pour convaincre?
4. Quelle est la signification du mot **frère**?
5. À qui est-ce que le poète ressemble? Quelle est la ressemblance?
6. À votre avis, quels sont les thèmes du poème?

MAINTENANT À VOUS

Récitation/Prononciation

A. Choisissez une des activités suivantes.

1. Avec un(e) partenaire, lisez le poème à voix haute. Faites attention à la prononciation et à l'intonation.
2. Composez une mélodie et chantez le poème devant la classe. Faites attention à la prononciation et à l'intonation.

Avec un(e) partenaire

B. Créez et jouez le dialogue entre l'homme qui frappe à la porte et l'homme qui ouvre la porte.

Rédaction

C. Écrivez un paragraphe de trois ou quatre phrases sur un des sujets suivants.

1. Écrivez un résumé du poème. Qui frappe à la porte? Qu'est-ce qu'il demande?
2. Imaginez les événements qui ont précédé l'arrivée du narrateur à la porte. D'où vient-il? Pourquoi cherche-t-il un logement?
3. Un étranger frappe à votre porte. Vous ouvrez. Racontez la suite.
4. Quel est le message de ce poème?

Deuxième étape

Le Cancre

PROPOS DE L'AUTEUR

Jacques Prévert (1900–1977) is the most widely read and best-loved French poet of the twentieth century. For a while he belonged to the surrealist[1] group, from which he learned freedom of expression and of syntax. He began his career writing screenplays for film directors Jean Renoir (*Le Crime de Monsieur Lange,* 1935) and Marcel Carné (*Drôle de drame,* 1937), the latter of which was published in English in 1974 as *Bizarre, Bizarre.* He also wrote songs, including the well-known *Les Feuilles mortes* (*Autumn Leaves*), published in *Cinquante Chansons* (*Fifty Songs,* 1977). Prévert's first collection of verse, *Paroles* (*Words*), published in 1946, was an immediate success, as was his second poetry collection, *La Pluie et le Beau Temps* (*Words for All Seasons,* 1955).

Prévert considered himself a poet of the people. In his verse, he used the simple language of spoken French. Often irreverent and ironic, Prévert poked fun at authority, restrictions, and government officials. A nonconformist, he championed the rights of the poor, the disinherited, children, and animals.

PRÉPARONS-NOUS

A. Quel est le contraire des mots suivants?

1. blanc
2. l'enfant prodige
3. assis
4. répondre à des questions
5. écrire
6. rire
7. le bonheur
8. aimer

B. Écrivez les mots ou les sentiments que vous associez à chacun des mots suivants.

1. le cœur
2. le professeur
3. l'école
4. la craie

---

[1]surrealist: See "Voyage à Paris," note 2.

5. le tableau
6. le rire
7. le noir

8. la tête
9. le bonheur
10. le malheur

C. Complétez les phrases suivantes en utilisant la forme correcte de **dire** et une expression de la liste ci-dessous.

Allô

Au revoir

Bonjour

Bonne nuit

Bonsoir

Bravo

Entrez

Merci

Ne quittez pas

Pardon

1. Quand quelqu'un arrive chez moi, je _____: «_____.»
2. Nous _____: «_____» au professeur quand nous entrons en classe le matin.
3. À la fin d'un bon concert, les spectateurs applaudissent et ils _____: «_____.»
4. Lorsque le téléphone sonne, on _____: «_____.»
5. Vous téléphonez à Jacques, mais c'est sa mère qui répond. Elle _____: «_____. Je vais chercher Jacques.»
6. Il est presque minuit et je vais me coucher. Je _____: «_____» à ma famille.
7. Les enfants reçoivent des cadeaux de leurs grands-parents. Ils _____: «_____.»
8. Vous arrivez chez Brigitte à dix-neuf heures. Vous _____: «_____.»
9. Sandra et Pierre vont vous quitter. Ils _____: «_____ à demain.»
10. Mon ami me marche sur le pied (*steps on my foot*). Il _____: «_____.»

D. Complétez les phrases avec les mots suivants. N'oubliez pas l'article défini.

le cœur

les oreilles (*f.*)

la tête

les yeux (*m.*)

la main

les pieds

le visage

1. Je vois avec _____.
2. Je pense avec _____.
3. J'écoute avec _____.
4. Quand je sais la réponse, je lève _____.
5. Les émotions sont souvent évidentes sur _____.

6. Je marche dans les rues toute la journée. Quand je rentre à la maison le soir, j'ai mal à _____.

7. J'aime avec _____.

E. Complétez les paragraphes suivants en employant la forme correcte de l'adjectif **tout** (*all*).

Michel est un bon élève (*pupil*). Il fait _____¹ ses devoirs. Avant un examen, il étudie _____² la journée, du matin jusqu'au (*until*) soir. Dans le cours de littérature, si le sujet est intéressant, il finit _____³ son livre en deux jours. Dans le cours d'art, il fait des dessins (*drawings*) de _____⁴ les couleurs. Mais le cours de mathématiques est difficile; il ne comprend pas _____⁵ les problèmes.

Le professeur est consciencieux; il pose des questions à _____⁶ les élèves. Quand le professeur explique bien la leçon, _____⁷ la classe réussit à l'examen.

Mots et expressions

ce qu'il aime	what he likes
le chiffre	number
debout	standing
effacer	to erase
le fou rire	giggles
la huée	booing, jeering
le maître	teacher (*in elementary school*)
malgré	in spite of
la menace	threat
le piège	trap (*a tricky problem*)
poser	to ask (*questions*)

Le Cancre

Il dit non avec la tête
mais il dit oui avec le cœur
il dit oui à ce qu'il aime
il dit non au professeur
il est debout
on le questionne
et tous les problèmes sont posés
soudain le fou rire le prend
et il efface tout
les chiffres et les mots
les dates et les noms
les phrases et les pièges
et malgré les menaces du maître
sous les huées des enfants prodiges
avec des craies de toutes les couleurs
sur le tableau noir du malheur
il dessine le visage du bonheur

Paroles, 1946

Lisons

Analysons

A. Cherchez dans le poème un mot de la même famille.

1. menacer
2. la question
3. le dessin
4. malheureux

B. Lisez le poème et donnez un synonyme pour chaque expression.

1. interroger
2. immédiatement
3. les nombres
4. un problème difficile
5. faire un dessin
6. la figure
7. le professeur

C. Indiquez si les phrases suivantes sont vraies ou fausses. Si la phrase est fausse, corrigez-la.

1. Le cancre dit oui au professeur.
2. Le cancre est un mauvais élève.
3. Il est assis.
4. Le professeur pose des questions au cancre.
5. Le cancre répond correctement.
6. Les autres élèves rient (*laugh*).
7. Le professeur efface le tableau.
8. Le professeur est sympathique.
9. Le cancre est heureux.

Discutons

D. Discutez des questions suivantes.

1. Où sommes-nous dans ce poème?
2. Lisez attentivement les quatre premiers vers. Quels mots sont répétés dans ces premiers vers? Quel est l'effet de cette répétition—la confusion? la tristesse? la comédie?
3. Est-ce que le cancre aime l'école? Comment le savez-vous?
4. Pourquoi le cancre rit-il?
5. Quelle est la réaction des autres élèves? Est-ce qu'ils rient, applaudissent ou taquinent (*tease*)? Les bons élèves sont-ils gentils? Expliquez.
6. Pourquoi le cancre dessine-t-il «le visage du bonheur»? À votre avis, pourquoi utilise-t-il des craies de toutes les couleurs?
7. Que représente le noir? et les autres couleurs? Que représente le visage du bonheur?
8. Qui vous semble être le personnage le plus sympathique du poème? Pourquoi?

$\mathcal{M}$ AINTENANT À VOUS

Avec un(e) partenaire

A. Discutez deux des sujets suivants avec votre voisin(e).

1. Je suis comme le cancre. Je déteste les cours parce que...
2. Je ne suis pas très fort(e) en (*good at*)... Je n'aime pas mon professeur de... parce que...
3. J'aime bien répondre dans le cours de... parce que...

Rédaction

B. Écrivez un court paragraphe en français sur un des sujets suivants.

1. Le portrait d'un bon professeur. Est-il assis ou debout? Écrit-il au tableau? À qui pose-t-il des questions?
2. Imaginez le dialogue entre le professeur et le cancre après cette scène.
3. Vous êtes un(e) élève qui a assisté à cette scène. Racontez à vos parents ce qui s'est passé. Employez le passé composé.
4. Expliquez cette «pensée» de Pascal: «Le cœur a ses raisons que la raison ne connaît point.»

Je ne t'aime pas, Paulus
[extrait]

À PROPOS DE L'AUTEUR

Agnès Desarthe (1966–) is a young French novelist who was born in Paris. She studied at the prestigious **École normale supérieure**[1] in Paris. Desarthe published her first book when she was 22. She has written several children's books including *Abo, le minable homme des neiges* (*Abo, the Pathetic Snowman*, 1991), *La femme du bouc émissaire* (*The Wife of the Scapegoat*, 1993), and *Les pieds de Philomène* (*Philomène's Feet*, 1997). Her novel *Quelques minutes de bonheur absolu* (*A Few Minutes of Absolute Happiness*, 1993) established her reputation as a young and convincing voice in French literature. Desarthe currently lives in Paris, where, along with her writing activities, she has taught English composition to undergraduate students and is a translator.

Je ne t'aime pas, Paulus (*I Don't Love You, Paulus*) was published in 1991. In this book, as well as in her other writings, Desarthe shows great concern for young adults and the problems they face growing up in a complex society.

*P*RÉPARONS-NOUS

A. Répondez aux questions suivantes sur les niveaux (*levels*) de langue.

1. À votre avis, quelle est la différence entre le langage poli et le langage courant? la langue parlée et la langue écrite?

---

[1]The **École normale supérieure**, founded in 1794, is a very selective university-level institution in Paris. Acceptance is based on highly competitive written and oral entrance examinations. Students at the ENS follow a rigorous course of study in the humanities or in the sciences and are prepared for careers in higher education or research. Many French writers, scientists, and leaders are **normaliens**.

2. Classez les mots ci-dessous dans l'une des deux catégories suivantes: *langage poli* et *langage courant*.

   langage affecté, élégant, familier, grossier, précieux, recherché, vulgaire, grammatical, non-grammatical; argot, jargon; tutoyer, vouvoyer

3. Quand et avec qui utilisez-vous le langage poli? et le langage courant?
4. Savez-vous la différence en français entre «tutoyer» et «vouvoyer»?
5. Quand vous parlez français, qui tutoyez-vous et qui vouvoyez-vous?

B. Répondez aux questions suivantes sur les relations parents-enfants.

1. Quelles sont les sources de conflits qui peuvent exister entre parents et enfants?
2. Est-ce que vos parents vous reprochent certaines choses? Lesquelles?
3. Est-ce que vous aimeriez que vos parents soient (*would be*) différents envers vous? Pourquoi? Comment?
4. Quand vous serez parent, pensez-vous avoir les mêmes conflits avec vos enfants? Pourquoi ou pourquoi pas?

C. Répondez aux questions suivantes sur les sondages.

1. Donnez la définition d'un sondage.
2. Sur quels sujets peut-on faire des sondages? D'après vous, est-ce qu'un sondage peut être utile?
3. Imaginez que vous allez faire un sondage parmi vos camarades de classe. Qu'est-ce que vous aimeriez savoir? Pourquoi?
4. Imaginez que vous allez faire un sondage parmi vos professeurs. Qu'est-ce que vous aimeriez savoir? Pourquoi?

D. Mettez les verbes du passage suivant au *passé composé* ou à l'*imparfait*.

SOUVENIRS D'ENFANCE

Quand j'____^{1} (être) jeune, j'____^{2} (habiter) une jolie petite ville dans les Alpes. L'hiver, mes frères et moi, nous ____^{3} (faire) du ski et l'été, nous ____^{4} (se promener) en montagne. Un jour, nous ____^{5} (se mettre) en route très tôt le matin pour faire une promenade. Il n'y ____^{6} (avoir) pas de nuages. La neige ____^{7} (recouvrir) encore les sommets les plus hauts, un vent frais ____^{8} (souffler [*to blow*]) et l'air ____^{9} (être) doux. Après quelques heures de montée, nous ____^{10} (arriver) au sommet de la montagne. Nous ____^{11} (s'arrêter) pour admirer la vue qui ____^{12} (être) magnifique. Ensuite, nous ____^{13} (s'installer) dans un joli endroit à l'ombre pour faire un pique-nique.

Tout à coup (*Suddenly*) le ciel _____[14] (se couvrir), le vent _____[15] (se lever) et il _____[16] (commencer) à pleuvoir. Vite, nous _____[17] (ramasser [*to gather*]) nos affaires et nous _____[18] (se dépêcher) pour chercher un abri (*shelter*). Heureusement nous _____[19] (trouver) une vieille cabane où un vieux berger, debout sur le pas de sa porte, nous _____[20] (regarder) venir en fumant tranquillement sa pipe.

Mots et expressions

à force de	by dint of
débile	pathetic, stupid
des fois (parfois)	sometimes
se disputer	to argue
s'en ficher	to be indifferent, not give a darn about something
s'engueuler	to fight; to argue
se lasser	to grow weary
les miens	mine (those that belong to me)
mignon	cute
ne pas pouvoir se voir en peinture	to be unable to stand the sight of each other
le sondage	(opinion) poll
l'usure (*f.*)	wear and tear

In the following passage from the novel Je ne t'aime pas, Paulus, *the main character, Julia, talks about her relationship with her parents.*

Je ne t'aime pas, Paulus [extrait]

J'aimerais comprendre un jour pourquoi les parents se disputent. Parce qu'il n'y a pas que les miens. Tous les parents c'est pareil. J'ai fait un sondage en classe. Quand on regarde les albums avec les photos en noir et blanc, ils sont tout mignons, tout gentils, et des fois on retrouve une vieille lettre d'amour entre les pages collées. Qu'est-ce qui fait que dix ans, douze ans, quinze ans plus tard ils ne peuvent plus se voir en peinture ? Est-ce que c'est parce qu'ils se choisissent mal au départ ? Est-ce que c'est parce qu'ils se lassent à force de se voir tous les jours ? Est-ce à cause des enfants ? C'est vrai que mes parents

s'engueulent presque toujours à cause de moi. Je ne sais pas. Johana m'a dit qu'elle avait lu dans un magazine chez le dentiste que c'était à cause de l'usure sexuelle, mais je ne vois pas le rapport.

Quand ils se sont mis à gueuler trop fort, je les ai sortis de ma chambre et je me suis remise au boulot. Je n'ai pas pleuré. Avant, quand ils s'engueulaient comme ça, je pleurais toujours, même si je les trouvais débiles, même si je me disais que je m'en fichais. C'est aussi pour ça que je dis que l'année dernière a vraiment commencé ce jour-là. C'était le 19 décembre. Je sais que c'est une drôle de date pour commencer une année, mais c'est comme ça. À partir de ce jour, plus rien n'a été comme avant.

Je ne t'aime pas, Paulus, 1991

⚜ ⚜ ⚜ ⚜ ⚜

Lisons

Analysons

A. Lisez le passage avec attention. Puis, reliez les mots de la colonne A avec un synonyme de la colonne B.

A	B
mignon	se fatiguer
se lasser	ça m'était égal
s'engueuler	le travail
gueuler	une enquête
le boulot	charmant et agréable
débile	se disputer
je m'en fichais	crier
un sondage	idiot

Discutons

B. Travaillez avec un(e) partenaire pour compléter les activités suivantes.

1. Relevez tous les mots ou expressions qui, d'après vous, appartiennent au langage courant. Dressez une liste de ces mots et expressions. Justifiez l'emploi de ce langage. Quel serait l'effet si l'auteur employait un niveau de langue plus formel?
2. Examinez le deuxième paragraphe du texte et dressez deux listes: les verbes utilisés au *passé composé* et les verbes utilisés à l'*imparfait*. Expliquez la différence entre l'utilisation de ces deux temps dans ce passage.

C. Travaillez avec un(e) partenaire et discutez des questions suivantes.

1. D'après vous, pourquoi Julia a-t-elle décidé de faire un sondage?
2. Examinez la fin du premier paragraphe. Combien de raisons Julia donne-t-elle pour s'expliquer la mésentente (*disagreement*) entre ses parents? Dressez une liste de ce que vous trouvez. Pouvez-vous en suggérer d'autres?
3. La date du 19 décembre a tout changé dans la vie de la narratrice. À votre avis, qu'est-ce qui s'est passé ce jour-là?

$\mathscr{M}$AINTENANT À VOUS

Avec un(e) partenaire

A. Composez un dialogue sur un des sujets suivants. Puis jouez votre sketch devant la classe.

1. Julia téléphone à une amie. Elle parle de ses relations avec ses parents.
2. Malheureusement vous ne vous entendez pas avec vos parents qui ne vous comprennent pas. Vous en parlez avec un copain / une copine.
3. Vous parlez de vos projets de vacances avec un copain / une copine.
4. Vous discutez de vos études et de votre avenir avec votre conseiller/conseillère d'orientation.
5. Vous parlez avec votre frère/sœur de ce que vous avez fait le week-end dernier.

Rédaction

B. Écrivez une petite rédaction sur un des sujets suivants en utilisant le nouveau vocabulaire.

1. Vous vous entendez très bien avec vos parents. Expliquez pourquoi. Décrivez votre relation avec eux et les activités que vous partagez.
2. Vous ne vous entendez pas très bien avec vos parents. Décrivez les conflits qu'il y a entre vous. Comment est-ce que cette situation vous touche?
3. Vos parents forment un couple très uni. Expliquez ce que vous admirez et appréciez dans leur relation. Comment est-ce que leur bonne entente vous touche?
4. «C'était le 19 décembre... À partir de ce jour, plus rien n'a été comme avant.» Imaginez ce qui est arrivé le 19 décembre.
5. Racontez un incident qui a changé le cours de votre vie. Qu'est-ce qui s'est passé ce jour-là? Comment votre vie a-t-elle changé?

Ariettes oubliées[1] *III*

À PROPOS DE L'AUTEUR

Paul Verlaine (1844–1896) considered himself a cursed poet (**un poète maudit**), torn between spirituality and the temptations of the flesh. Born to a respectable bourgeois family, he married Mathilde Mauté in 1870 in the hope of mending his erring ways. In 1872, Verlaine became infatuated with the young poet Arthur Rimbaud[2] and left his wife and child to follow Rimbaud. In Belgium, Verlaine shot and wounded Rimbaud during an argument and was sentenced to two years in prison. After several unsuccessful attempts at rehabilitation and reconciliation, he relapsed into drink and debauchery.

Verlaine's beautiful musical verse contrasts sharply with his wild lifestyle. His most well-known collections, *Poèmes saturniens* (*Melancholy Poems,* 1866), *Les Fêtes galantes* (*Romantic Parties,* 1869), *La Bonne Chanson* (*The Good Song,* 1870), *Romances sans paroles* (*Ballads without Words,* 1874), and *Sagesse* (*Wisdom,* 1880), have been compared to the music of Debussy[3] and to the paintings of Corot[4] and the impressionist Monet.[5] The opening line of his poem "Art poétique" best summarizes his poetic artistry: "De la musique avant toute chose"—sound and melody above all else.

---

[1] **Ariettes oubliées:** *Forgotten Arias*
[2] Arthur Rimbaud (1854–1891): French poet and adventurer whose originality and spirituality are best exemplified in his prose poems, *Illuminations* (1886).
[3] Claude Debussy (1862–1918): French composer who transformed conventional orchestral constructions to create new musical images and sensations. His major works include *Clair de lune* (*Moonlight*), *Prélude à l'après-midi d'un faune* (*Prelude to the Afternoon of a Faun,* 1894), and *La Mer* (*The Sea,* 1905).
[4] Jean-Baptiste Camille Corot (1796–1875): French painter whose landscapes anticipated and inspired the landscape painting of the Impressionists.
[5] Claude Monet (1840–1926): French painter who initiated the Impressionist style, which is characterized by dabs or strokes of color simulating actual reflected light.

PRÉPARONS-NOUS

A. Trouvez dans la colonne B le contraire de chaque mot dans la colonne A.

A	B
la folie	la joie
le silence	la raison
la haine	fort
l'énergie	meilleur
la peine	la campagne
pire	le bruit
la trahison	l'amour
la ville	la langueur
doux	la loyauté

B. Répétez les mots suivants après le professeur.

1. pleut / pleure / pluie
2. cœur / langueur / s'écœure
3. sanglots / longs / violons
4. joie / joli / chérie
5. Tais-toi! / C'est fini! / Va-t'en!

Quand vous répétez ces mots, quels sentiments éprouvez-vous?

C. Répondez aux questions suivantes sur le temps et les sentiments.

1. Préférez-vous la pluie ou le soleil? Pourquoi?
2. Comment vous sentez-vous quand il pleut? quand il fait beau?
3. Aimez-vous les bruits doux (*soft sounds*) ou les bruits forts (*loud sounds*)? Par exemple?
4. Quand êtes-vous de bonne humeur? de mauvaise humeur?
5. Savez-vous toujours exactement pourquoi vous êtes de bonne ou de mauvaise humeur?
6. Donnez un exemple personnel de mauvaise humeur. Indiquez quand, où et pourquoi.
7. Qu'est-ce que vous faites quand vous êtes sans énergie?
8. La langueur, c'est le manque (*lack*) d'énergie et de vitalité. Quand vous êtes-vous senti(e) plein(e) de langueur?
9. Que répondez-vous à une personne qui vous dit: «Je me sens triste et j'ai beaucoup de peine mais je ne sais pas pourquoi.»

10. Avez-vous quelquefois ressenti de la haine? Dans quelles circonstances?
11. Quels mots associez-vous à la tristesse? la mort? la joie?

Mots et expressions

le bruit	noise, sound
le chant	song
le deuil	mourning, bereavement
s'écœurer	to be disgusted, sickened
s'ennuyer	to be bored, weary
la haine	hatred
la langueur	listlessness
la peine	sadness, sorrow
pire	worst
tant de	so much
la trahison	betrayal

Ariettes oubliées III

> Il pleut doucement sur la ville.
> (ARTHUR RIMBAUD)

Il pleure dans mon cœur
Comme il pleut sur la ville;
Quelle est cette langueur
Qui pénètre mon cœur ?

O bruit doux de la pluie
Par terre et sur les toits !
Pour un cœur qui s'ennuie
O le chant de la pluie !

Il pleure sans raison
Dans ce cœur qui s'écœure.
Quoi ! nulle trahison ?...
Ce deuil est sans raison.

C'est bien la pire peine
De ne savoir pourquoi
Sans amour et sans haine
Mon cœur a tant de peine !

Romances sans paroles, 1874

Lisons

Analysons

A. Répondez aux questions suivantes sur la structure et versification du poème.

1. Trouvez tous les mots qui se réfèrent à la pluie.
2. Trouvez tous les mots qui sont répétés.
3. Trouvez tous les sons qui sont répétés.
4. Quelle est la rime du poème?
5. En quoi est-ce que ce poème ressemble à une chanson?

Discutons

B. Avec un(e) partenaire ou avec la classe, discutez des questions suivantes.

1. Pour Verlaine, quand il pleut est-ce triste ou gai?
2. Le contact de Verlaine avec la pluie est-il visuel ou auditif? Expliquez.
3. Est-ce que la pluie chante vraiment? Pouvez-vous expliquer pourquoi Verlaine dit «le chant de la pluie»?
4. Est-ce que Verlaine aime un peu ses pleurs? Expliquez votre réponse.
5. Dans la première strophe, le poète est-il actif ou passif?
6. Que fait-il dans la deuxième strophe?
7. Le poète sait-il de quoi il souffre?
8. Est-il préférable d'être neutre («sans amour et sans haine») ou le contraire? Expliquez.

$\mathcal{M}$AINTENANT À VOUS

Récitation/Prononciation

A. Apprenez le poème par cœur et préparez-vous à le réciter devant la classe. Puis, avec un(e) partenaire, lisez le poème à voix haute. Notez les répétitions des mots et des sons. Faites attention à la prononciation et à l'intonation.

Avec un(e) partenaire

B. Imaginez que le poète va chez un psychiatre parce qu'il souffre d'une tristesse inexplicable. Créez un dialogue entre le poète et le psychiatre. Jouez le sketch devant la classe.

Rédaction

C. Écrivez une courte rédaction sur un des sujets suivants.

1. Écrivez un résumé du poème. Quel temps fait-il? Où est le poète? Quelles sont ses émotions? Comment les explique-t-il?
2. Essayez d'expliquer la tristesse du poète. À votre avis, quels événements ou quelles circonstances l'ont rendu si triste?
3. Avez-vous déjà souffert d'ennui ou d'un manque d'énergie? Où? Quand? Dans quelles circonstances?

Liberté

A PROPOS DE L'AUTEUR

Paul Éluard (1895–1952) was one of the original dadaists[1] and surrealists,[2] along with Louis Aragon.[3] Éluard indulged in free association of images and exploration of dreams in his early poetry, for example, *Capitale de la douleur* (*Capital of Pain,* 1926). After serving in the infantry and being exposed to nerve gas during the First World War (1914–1918), Éluard became a political activist attacking fascism and defending the Socialists in the Spanish Civil War (1936–1939).

A member of the French Communist Party, Éluard worked for the Resistance[4] movement during World War II, writing poetry such as *Poésie et vérité* (*Poetry and Truth,* 1942) to strengthen the Resisters' morale. During the Nazi occupation[5] of France, his poems were smuggled out of France and then flown back and dropped over France by Allied[6] planes.

Éluard emphasized the themes of love, human kindness, and brotherhood. He chose a simple vocabulary, rejecting obscurity, because he wanted to make his poetry accessible to everyone. Through his verse, he sought to inspire others and lead them to take action.

---

[1]dadaist: Dada, a nihilistic movement of literature and the arts in Zurich, Paris, New York, and Berlin from 1916 to 1922, rebelled against all authority and social constraints and sought total freedom of expression.
[2]surrealist: See "Voyage à Paris," note 2.
[3]Louis Aragon (1897–1982): Poet and novelist who founded the surrealist review *Littérature* with André Breton.
[4]Resistance: See "La Fourmi," note 2.
[5]Nazi occupation of France (1940–1944): After its defeat by Germany in World War II, France was divided into two; the northern half was occupied by Nazi forces.
[6]Allies: Group of countries in World War II that included Great Britain, USA, and others united in their fight against Germany, Italy, and Japan.

$\mathscr{P}$RÉPARONS-NOUS

A. Faites une liste de tous les objets qui se trouvent dans une salle de classe. Ensuite complétez les phrases suivantes en utilisant les mots de votre liste.

1. Sur le bureau du professeur il y a ＿＿＿.
2. Dans mon sac, on trouve ＿＿＿.
3. J'écris avec ＿＿＿.
4. Le professeur utilise ＿＿＿.

B. Pour ces expressions qui se réfèrent à l'université, donnez un équivalent qu'on trouve dans une école élémentaire.

1. l'étudiant
2. le bureau
3. la serviette
4. le professeur

C. Quels mots et quelles émotions associez-vous aux mots suivants?

1. le sable (*sand*)
2. la page blanche
3. la pierre (*stone*)
4. le sang (*blood*)
5. les cendres (*ashes, cinders*)

D. Travaillez en équipes de trois ou quatre personnes. Posez ces questions à vos partenaires, répondez et discutez vos réponses. Ensuite présentez les réponses de votre groupe à toute la classe.

1. À qui écrivez-vous des lettres? des cartes postales? Quand? Pourquoi?
2. Quand vous passez un examen, préférez-vous écrire avec un crayon ou un stylo? Pourquoi?
3. Avez-vous jamais écrit sur votre pupitre? Qu'est-ce que vous y avez écrit?
4. Quand est-ce qu'on écrit sur un arbre? Qu'est-ce qu'on y écrit?
5. Qu'est-ce qu'on écrit quand on est amoureux/amoureuse?
6. Écrivez-vous parfois sur le sable? sur la neige? Écrivez-vous votre nom ou le nom de quelqu'un d'autre?

Mots et expressions

la couronne	crown	**lu**	read (*p.p. of* **lire**)
doré	golden	**nu(e)**	naked, bare
l'écolier (*m.*)	schoolboy	**le pouvoir**	power
l'espoir (*m.*)	hope	**le pupitre**	pupil's desk
le guerrier	warrior	**la santé**	health

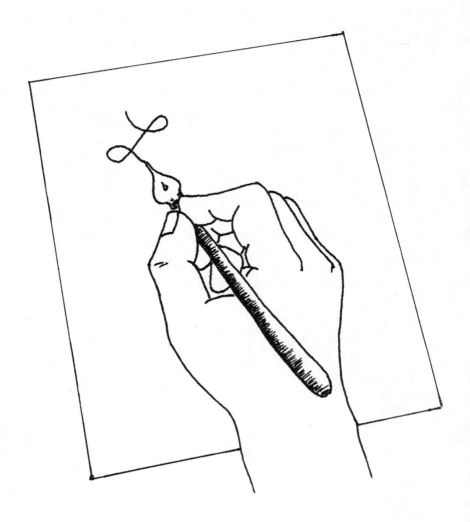

Liberté

Sur mes cahiers d'écolier
Sur mon pupitre et les arbres
Sur le sable sur la neige
J'écris ton nom

Sur toutes les pages lues
Sur toutes les pages blanches
Pierre sang papier ou cendre
J'écris ton nom

Sur les images dorées
Sur les armes des guerriers
Sur la couronne des rois
J'écris ton nom

Sur la jungle et le désert
Sur les nids sur les genêts
Sur l'écho de mon enfance
J'écris ton nom

Sur les merveilles des nuits
Sur le pain blanc des journées
Sur les saisons fiancées
J'écris ton nom

Sur tous mes chiffons d'azur
Sur l'étang soleil moisi
Sur le lac lune vivante
J'écris ton nom

Sur les champs sur l'horizon
Sur les ailes des oiseaux
Et sur le moulin des ombres
J'écris ton nom

Sur chaque bouffée d'aurore
Sur la mer sur les bateaux
Sur la montagne démente
J'écris ton nom

Sur la mousse des nuages
Sur les sueurs de l'orage
Sur la pluie épaisse et fade
J'écris ton nom

Sur les formes scintillantes
Sur les cloches des couleurs
Sur la vérité physique
J'écris ton nom

Sur les sentiers éveillés
Sur les routes déployées
Sur les places qui débordent
J'écris ton nom

Sur la lampe qui s'allume
Sur la lampe qui s'éteint
Sur mes maisons réunies
J'écris ton nom

Sur le fruit coupé en deux
Du miroir et de ma chambre
Sur mon lit coquille vide
J'écris ton nom

Sur mon chien gourmand et tendre
Sur ses oreilles dressées
Sur sa patte maladroite
J'écris ton nom

Sur le tremplin de ma porte
Sur les objets familiers
Sur le flot du feu béni
J'écris ton nom

Sur toute chair accordée
Sur le front de mes amis
Sur chaque main qui se tend
J'écris ton nom

Sur la vitre des surprises
Sur les lèvres attentives
Bien au-dessus du silence
J'écris ton nom

Sur mes refuges détruits
Sur mes phares écroulés
Sur les murs de mon ennui
J'écris ton nom

Sur l'absence sans désirs
Sur la solitude nue
Sur la marche de la mort
J'écris ton nom

Sur la santé revenue
Sur le risque disparu
Sur l'espoir sans souvenirs
J'écris ton nom

Et par le pouvoir d'un mot
Je recommence ma vie
Je suis né pour te connaître
Pour te nommer

Liberté.

Poésie et vérité, 1942

ℒISONS

Analysons

A. Lisez attentivement seulement les deux premières strophes du poème.

1. Sur quoi le poète écrit-il dans les deux premiers vers?
2. Sur quoi écrit-il dans le troisième vers?
3. À votre avis, est-ce que ses actions sont habituelles?
4. Dans les deux premières strophes, quels sont les éléments de la nature?
5. Résumez l'idée générale de ces deux strophes.

B. Lisez attentivement la troisième strophe.

1. Dans quels livres trouve-t-on des images dorées?
2. Dans le deuxième vers, quelle institution est évoquée?
3. Quelle institution est évoquée dans le troisième vers?
4. Quelle est l'idée générale de cette strophe?

C. Examinez encore les trois premières strophes.

1. Combien de syllabes y a-t-il dans chaque vers?
2. Quels mots sont répétés dans chaque strophe?
3. Résumez le message du poète dans ces trois strophes.
4. Y a-t-il une progression dans les images du poème? Expliquez.
5. Donnez un titre à ces trois strophes.

D. Lisez les trois dernières strophes du poème.

1. Comment les dernières strophes changent-elles votre interprétation du poème?
2. Le poète est-il optimiste ou pessimiste à la fin du poème?
3. À votre avis, pourquoi veut-il recommencer sa vie?
4. Suggérez un autre titre pour ce poème. Comparez ce titre avec le titre que vous avez choisi pour les trois premières strophes.

Discutons

E. Discutez des questions suivantes.

1. Quels mots associez-vous à la liberté?
2. «Liberté, égalité, fraternité» c'est la devise de la République française depuis la Révolution. Où est-ce que les gens sont libres, égaux et tous frères?
3. Lors d'une révolution, d'une guerre ou d'une occupation, on rejette la tyrannie et on chasse l'ennemi pour retrouver sa liberté. Mais est-ce qu'il est facile d'assumer (*take on*) sa liberté? Expliquez.

MAINTENANT À VOUS

Récitation

A. Récitez les trois premières strophes. Votre partenaire va réciter les trois dernières strophes. Faites attention à la prononciation et à l'intonation. Préparez-vous à faire une récitation dramatique devant la classe.

Avec un(e) partenaire

B. Créez un dialogue sur ce thème: Vous êtes membre d'un groupe clandestin qui résiste contre la tyrannie. Essayez de convaincre un(e) camarade de devenir membre du groupe.

C. Choisissez une des citations suivantes et commentez-la. Comparez votre interprétation avec celle des autres membres de la classe.

1. «L'homme est né libre, et partout il est dans les fers.» (J-J. Rousseau, *Du Contrat social*) Est-ce que l'homme est vraiment né libre? Que peuvent représenter les fers?
2. «Savoir se libérer n'est rien. L'ardu, c'est savoir être libre.» (André Gide, *L'Immoraliste*) De quoi peut-on se libérer? Comment? Comment peut-on préserver sa liberté? Pourquoi est-il difficile de «savoir être libre»?

Rédaction

D. Écrivez une courte rédaction sur un de ces sujets.

1. Qu'est-ce que la liberté?
2. Quand on est en prison...
3. Je déteste la guerre, mais parfois la guerre est juste.
4. Dans quelles circonstances peut-on se sentir privé de liberté? Expliquez.

Dualisme

APROPOS DE L'AUTEUR

Paul Géraldy (1885–1983) was born in Paris. He traveled extensively and visited most of the capital cities of Europe and Northern Africa. He wrote and published fifteen works, starting to write when he was still an adolescent. Géraldy revealed himself as a sensitive poet in *Les Petites Âmes* (*Little Souls,* 1908) and later in *Toi et Moi* (*You and I,* 1913), a collection of poetry that immediately met with great success.

He also wrote plays, including *Les Noces d'argent* (*Silver Wedding,* 1917), *Aimer* (*To Love,* 1921), and *Robert et Marianne* (1925). Most of Géraldy's plays are psychological dramas in which he explores what goes on beyond social conventions. He tackles the difficult and complex relationships among human beings, not only between husbands and wives but also between parents and children. On Géraldy's stage, there are usually two or three protagonists, speaking in a classical style that is both simple and sober but that nevertheless uncovers the drama of their inner torments.

PRÉPARONS-NOUS

A. Quels sont les mots que vous associez avec **aimer? être amoureux de?** Donnez le contraire des mots suivants: **aimer, partager, se sacrifier, un couple uni, un bon ménage.**

B. Complétez les phrases d'une façon logique et appropriée.

1. Si tu m'aimais, tu dirais _____.
2. Si tu m'aimais, tu ferais _____.
3. Si tu m'aimais, tu me donnerais _____.
4. Si je t'aimais, je dirais _____.
5. Si tu ne m'aimais pas, tu _____.
6. Si je ne t'aimais pas, je _____.

C. Employez l'expression **être à** et un pronom tonique pour indiquer la possession.

MODÈLE: C'est notre maison. → Elle est à nous.

1. C'est mon chien.
2. Ce sont mes cigarettes.
3. C'est ta lettre.
4. Ce sont nos valises.
5. Ce n'est pas ton piano.
6. Ce ne sont pas vos disques.

D. Indiquez la possession avec le *pronom possessif* à la forme correcte.

MODÈLE: C'est mon chien. → C'est le mien.

1. Ce sont mes devoirs.
2. C'est ta clé.
3. Ce sont mes roses.
4. C'est votre voiture.
5. Ce sont tes fleurs.
6. C'est la maison de Paul et Claudine.
7. Ce sont nos affaires.
8. C'est l'ordinateur de Jean.
9. Ce sont leurs amis.
10. Ce n'est pas ton argent.

Mots et expressions

appartenir à	to belong to	**parfois**	sometimes
chérie (*f.*)	darling	**tout à fait**	completely
entendre	to hear		

Dualisme

Chérie, explique-moi pourquoi
tu dis : « MON piano, MES roses »,
et : « TES livres, TON chien »... pourquoi
je t'entends déclarer parfois :
« c'est avec MON argent À MOI
que je veux acheter ces choses ».

Ce qui m'appartient t'appartient !
Pourquoi ces mots qui nous opposent :
le tien, le mien, le mien, le tien ?
Si tu m'aimais tout à fait bien,
tu dirais : « LES livres, LE chien »
et : « NOS roses ».

Toi et Moi, 1913

⚜ ⚜ ⚜ ⚜ ⚜

ℒISONS

Analysons

A. Lisez le poème et dressez une liste des mots-clés nécessaires à la compréhension du poème. Comparez votre liste à celle d'un(e) partenaire. Discutez les deux listes.

B. Répondez aux questions suivantes.

1. À qui le poète parle-t-il? Qui est *Chérie*?
2. Quel verbe est à l'impératif? Pourquoi?
3. Quels sont les deux personnages dans le poème?
4. Quels sont les objets qu'ils possèdent?

Discutons

C. Discutez des questions suivantes.

1. Pourquoi *Chérie* dit-elle: «MON piano, MES roses; TES livres, TON chien»? Quelle est la signification de cette distinction?
2. Pourquoi le poète emploie-t-il des lettres majuscules?
3. Qui est le plus généreux des deux personnages? Expliquez.
4. Expliquez: «LES livres», «LE chien» et les deux derniers mots du poème, «NOS roses».
5. Que signifie le mot **dualisme** pour le poète?

ℳAINTENANT À VOUS

Récitation/Prononciation

A. Travaillez avec un(e) partenaire. Lisez le poème à voix haute. Faites attention à la prononciation et à l'intonation. Imaginez les émotions de la personne qui parle dans le poème.

Avec un(e) partenaire

B. Créez un dialogue sur un des sujets suivants.

1. Imaginez la scène qui s'est passée avant le poème.
2. Imaginez la scène qui va se passer après le poème.

Rédaction

C. Faites une des rédactions suivantes.

1. Écrivez un résumé du poème. Qui parle? Qu'est-ce qu'il demande? Pourquoi? Qu'est-ce qu'il voudrait? Pourquoi?
2. Écrivez un court poème sur un de vos objets préférés que vous n'aimeriez pas partager avec un ami ou une amie.
3. À votre avis, est-ce qu'un couple devrait mettre ses possessions en commun? Expliquez.
4. Si vous étiez sur une île déserte, quels sont les trois objets que vous aimeriez avoir avec vous? Quelle personne aimeriez-vous avoir avec vous? Expliquez en deux ou trois paragraphes.

La vie, c'est comme une dent

Boris Vian (1920–1959) was born to a well-to-do family in Ville d'Avray, near Paris. He was raised to despise three of the pillars of bourgeois society: the army, the church, and money. He was a gifted child and was first taught by a private tutor at home. Later, he finished his studies in Paris and attended the prestigious **École centrale.**[1]

Vian had a rich, complex, and creative personality: He received a classical education, then was trained as an engineer; he became a writer, a jazz critic, and a musician who wrote more than 400 songs, of which *Le déserteur* is the most famous. As a novelist, he published *L'Écume des jours* (*Froth on the Daydream,* 1947), *L'Automne à Pékin* (*Autumn in Peking,* 1947), *L'Herbe rouge* (*Red Grass,* 1950), and *L'Arrache-Cœur* (*The Heartbreaker,* 1953). He is also the author of several plays, including *L'Équarrissage pour tous* (*The Knacker's ABC,* 1950), *Le Goûter des généraux* (*The Generals' Tea Party,* 1950), and *Les Bâtisseurs d'empire* (*Empire Builders,* 1959). Among his poetry collections are *Les cent sonnets* (published posthumously in 1984) and *Je voudrais pas crever,* (*I Don't Want to Croak*), which he wrote in 1952.

Vian always said, "I will die before the age of 40." Suffering from poor health from a young age, he died in 1959 at the age of 39. Through his writings Vian became a hero among young people for his nonconformist ideology and his stand against middle-class values.

PRÉPARONS-NOUS

A. Répondez aux questions suivantes.

1. Quand vous êtes malade, que faites-vous? Allez-vous chez le médecin? Restez-vous au lit? Vous reposez-vous?

---

[1]The **École centrale des arts et métiers** is an institution of higher education in Paris that trains engineers. Throughout their studies, students come into contact with the demands of the real world of engineering and are also oriented toward the human, social, and economic role of the future engineer.

2. Que prenez-vous? Prenez-vous des vitamines? des infusions? des comprimés? de l'eau?

3. Quand le docteur vous soigne (*takes care of you*), espérez-vous aller moins mal, mieux et finalement guérir (*heal*)?

B. Choisissez la partie du corps de la colonne A qui correspond au traitement du spécialiste de la colonne B.

A	B
le cœur	le podologue
les dents	le dentiste
le pied	le cardiologue
le genou	le généraliste
la gorge	l'oculiste
les yeux	l'orthopédiste

Maintenant, travaillez avec un(e) partenaire. Substituez les mots en italique par le vocabulaire de la colonne A et de la colonne B pour créer un dialogue.

—J'ai mal à *la tête*. Ça me fait mal.
—Ça vous fait mal? Alors, il faut aller chez *le médecin*.

C. Travaillez avec un(e) partenaire. Mettez les phrases dans l'ordre chronologique pour reconstituer l'histoire de façon logique. Commencez chaque phrase avec un des mots suivants: **alors, d'abord, enfin, ensuite, et, et puis, finalement.**

...il découvre une dent gâtée (*decayed*).
...je pense: «Aïe! Aïe! Aïe! Ça me fait mal!»
...je mâche du chewing-gum.
...je lui demande de me soigner les dents.
...je mors à belles dents (*bite with gusto*) dans une pomme.
...il arrache la dent gâtée.
...je décide d'aller chez le dentiste.

D. Travaillez avec un(e) partenaire. Imaginez que vous avez mal aux dents. Vous allez chez le dentiste. Écrivez un dialogue entre vous et le dentiste. Imaginez ce que le dentiste va faire. Soyez prêts à lire ce dialogue ou à jouer le sketch devant la classe. Vous pouvez utiliser certaines des questions suivantes.

- Qu'est-ce qui ne va pas?
- Où avez-vous mal?
- Depuis combien de temps avez-vous mal aux dents?

- Quelle dent vous fait mal? Dent du haut? du bas? du devant? du fond? de sagesse (*wisdom*)?
- Est-ce que vous avez mal quand vous mangez, mâchez ou mordez ou quand vous buvez quelque chose de froid ou de chaud?
- Est-ce que vous pensez que cette dent soit gâtée?
- Est-ce que vous vous brossez les dents régulièrement après chaque repas?

E. Complétez les phrases suivantes en utilisant la forme correcte de **tenir à.**

1. Hélène et Robert _____ leurs copains.
2. Paul _____ sa petite amie Michèle.
3. Nous _____ réussir à nos examens.
4. Tu _____ tes parents, n'est-ce pas?
5. Je _____ partir en France cet été.
6. Est-ce que vous _____ trouver du travail rapidement?
7. On _____ la vie.

Mots et expressions

arracher	to pull out
se contenter de	to be content with
se gâter	to decay (*tooth*); to get spoiled
guérir	to heal
mâcher	to chew
soigner	to take care of
le souci	worry
tenir à	to like; to cherish; to be anxious to

La vie, c'est comme une dent

La vie, c'est comme une dent
D'abord on y a pas pensé
On s'est contenté de mâcher
Et puis ça se gâte soudain
Ça vous fait mal, et on y tient
Et on la soigne et les soucis,
Et pour qu'on soit vraiment guéri
Il faut vous l'arracher, la vie.

Je voudrais pas crever, 1962

❖ ❖ ❖ ❖ ❖

Lisons

Analysons

A. Lisez le poème et dressez une liste des mots-clés nécessaires à la compréhension du poème. Comparez votre liste avec celle d'un(e) partenaire.

B. Relisez le poème et trouvez le contraire de chacun des mots suivants.

1. la mort
2. finalement
3. dévorer
4. s'améliorer
5. négliger
6. les joies
7. malade
8. planter

C. Travaillez avec un(e) partenaire et répondez aux questions suivantes.

1. À quoi le poète compare-t-il la vie au premier vers?
2. Une erreur grammaticale montre que le poète s'exprime en langue courante. Trouvez-la.
3. Dressez une liste des mots qui traitent de la maladie ou de la souffrance.
4. Examinez et expliquez la progression qui commence au premier vers et s'amplifie jusqu'au dernier vers.
5. Voyez-vous un paradoxe dans le vers: «Ça vous fait mal, et on y tient»? Pourquoi?
6. D'après vous (*In your opinion*), à quoi le poète tient-il?
7. Quelle est la rime du poème?
8. Quels mots sont répétés?

9. Divisez le poème en deux parties. Voyez-vous un changement de rythme entre ces parties? Expliquez.

Discutons

D. Discutez des questions suivantes.

1. Que symbolise le mal de dents dans ce poème?
2. Donnez un autre titre à ce poème.
3. Est-ce que le poète est optimiste ou pessimiste à la fin du poème? Expliquez.
4. Quelle est votre définition de la vie? La vie, c'est _____.
5. D'après votre définition, êtes-vous optimiste ou pessimiste?

$\mathscr{M}$AINTENANT À VOUS

Récitation/Prononciation

A. Travaillez avec un(e) partenaire. Lisez le poème à voix haute. Est-ce qu'il faut lire ce poème calmement? avec passion? avec humour? Faites attention aussi à la prononciation et à l'intonation.

Avec un(e) partenaire

B. Créez un dialogue sur un des sujets suivants. Soyez prêts à jouer votre sketch devant la classe.

1. Vous discutez de vos idées sur la vie avec un ami (une amie).
2. Le poète va chez un philosophe célèbre. Ils échangent leurs idées sur la vie.

Rédaction

C. Choisissez un des sujets suivants.

1. Écrivez un résumé du poème. Qui parle? À qui parle-t-il? Quelle est la progression dans le poème? Quelle solution le poète propose-t-il?
2. Quand quelque chose ne va pas, que faites-vous? Êtes-vous optimiste ou pessimiste? Expliquez. Donnez des exemples.
3. Choisissez une des citations suivantes et discutez-la.
   • La vie, c'est comme une dent. (Boris Vian)
   • La vie est un court exil. (proverbe grec)

- Toute la vie est un songe (*dream*). (Calderón de la Barca)
- La vie de l'homme est comme une chandelle dans le vent. (proverbe chinois)
- Life is just a bowl of cherries. (proverbe américain)

4. Pour vous, la vie, c'est _____. Est-ce une définition optimiste ou pessimiste? Expliquez.

À ma mère
(preface to L'Enfant noir)

Sa fait 21 ans.

À PROPOS DE L'AUTEUR

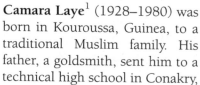

Camara Laye[1] (1928–1980) was born in Kouroussa, Guinea, to a traditional Muslim family. His father, a goldsmith, sent him to a technical high school in Conakry, the capital, where Camara was first in his class, winning a scholarship to study automotive technology in Argenteuil, France. He continued his studies in Paris while working at the Simca automobile factory. Feeling homesick and alienated, Camara wrote of his early years in the family compound in the village of Kouroussa and of the rituals of coming of age. These nostalgic reminiscences became his first novel, *L'Enfant noir* (*Dark Child*, 1953). *À ma mère* (*To My Mother*) is the preface to this autobiographical novel, which won the Prix Charles Veillon. Camara's second novel, *Le Regard du roi* (*The Radiance of the King*, 1954), is an allegorical tale of racial role reversal.

Camara returned to Guinea in 1956. After Guinea's independence in 1958, he was appointed to the Ministry of Information and served as ambassador to Ghana and then to Liberia. His third novel, *Dramouss* (*A Dream of Africa*, 1966), which called for social reform and satirized the government of President Sékou Touré, was banned in Guinea. Camara had to flee to Senegal in 1965, where he remained in exile for the rest of his life. His last novel, *Le Maître de la parole* (*Guardian of the Word*, 1978), examines the oral tradition of storytelling in Africa. Throughout his writings, Camara stressed the themes of exile and the search for meaning in life.

---

[1]Although the author's name is usually written as Camara Laye, Laye is his first name. The real family name is Kamara. In English-language sources, he is most often listed under Laye. He is occasionally listed under Camara (but not Kamara).

$\mathscr{P}$RÉPARONS-NOUS

A. The **passé simple** is a literary tense used instead of the **passé composé** in formal written French to narrate events completed in the past. To form the **passé simple** of **-er** verbs, take the stem of the infinitive and add the following endings: **-ai, -as, -a, -âmes, -âtes, -èrent.** Regular **-ir** and **-re** verbs have the following endings: **-is, -is, -it, -îmes, -îtes, -irent.** The roots for **faire** and **avoir** are irregular, for example, **je fis** and **j'eus.**

Dans le paragraphe suivant, changez les verbes du *passé simple* au *passé composé.*

> Camara Laye **fit**[1] de bonnes études et **reçut**[2] une bourse pour étudier en France. Il **connut**[3] le découragement et **décida**[4] d'écrire ses souvenirs d'enfance. En 1953, ce premier roman, *L'Enfant noir,* **eut**[5] un grand succès. Il **se maria**[6] l'année suivante et il **publia**[7] son deuxième roman, *Le Regard du roi.*

B. Une mère s'occupe de son petit enfant. Quelles sont ses activités typiques et habituelles? Composez trois phrases au présent en employant les expressions suivantes.

allaiter (*to nurse*) / nourrir
bercer (*to rock*)
caresser
changer les couches (*diapers*)
choyer (*to cherish*)
consoler
embrasser

essuyer les larmes (*to wipe away tears*)
féliciter (*to congratulate*)
porter
réjouir le cœur (*to cheer [someone] up*)

Maintenant, écrivez trois phrases pour décrire les activités habituelles de votre mère quand vous étiez petit(e) et qu'elle s'occupait de vous. Employez des verbes à l'*imparfait* précédés du pronom **me (m').**

MODÈLE: Ma mère m'embrassait souvent.

C. Complétez les phrases suivantes.

1. Dans une famille typique de mon pays, c'est le père qui _____.
2. C'est la mère qui _____.
3. Ce sont les grands-parents qui _____.
4. Ce sont les enfants qui _____.

D. Répondez aux questions suivantes et discutez vos réponses avec un(e) partenaire.

1. À qui pensez-vous quand vous vous sentez seul(e)?
2. À qui annoncez-vous de bonnes nouvelles?
3. Quel membre de votre famille consultez-vous sur vos problèmes?
4. Quel membre de votre famille vous comprend le mieux?
5. Qui admiriez-vous quand vous étiez petit(e)?
6. Qui vous aidait le plus? Qui voudriez-vous remercier?

E. Organisez les qualités qui caractérisent une bonne mère par ordre d'importance: 1 = la plus importante; 10 = la moins importante.

l'amour
la chaleur (*warmth*)
la compréhension
l'indulgence
l'intelligence

la patience
la résignation
la sagesse (*wisdom*)
la sévérité
la tolérance

Maintenant, discutez et comparez votre liste avec celle d'un(e) partenaire. Est-ce que les qualités d'une bonne mère sont universelles?

Mots et expressions

allaiter	to nurse, breastfeed
essuyer	to wipe
le forgeron	blacksmith
tu fis	you did (**passé simple** *of* **faire**)
les larmes (*f.*)	tears
réjouir	to delight, gladden; to cheer (*someone*) up

À ma mère

Femme noire, femme africaine, ô toi ma mère je pense à toi...

O Dâman, ô ma mère, toi qui me portas sur le
dos, toi qui m'allaitas, toi qui gouvernas mes premiers
pas, toi qui la première m'ouvris les yeux aux
prodiges de la terre, je pense à toi...

Femme des champs, femme des rivières, femme du
grand fleuve, ô toi, ma mère, je pense à toi...

O toi Dâman, ô ma mère, toi qui essuyais mes
larmes, toi qui me réjouissais le cœur, toi qui,
patiemment supportais mes caprices, comme j'aimerais
encore être près de toi, être enfant près de toi!

Femme simple, femme de la résignation, ô toi,
ma mère, je pense à toi...

O Dâman, Dâman de la grande famille des
forgerons, ma pensée toujours se tourne vers toi, la
tienne à chaque pas m'accompagne, ô Dâman, ma mère,
comme j'aimerais encore être dans ta chaleur, être
enfant près de toi...

Femme noire, femme africaine, ô toi, ma mère,
merci; merci pour tout ce que tu fis pour moi, ton
fils, si loin, si près de toi!

Préface à *L'Enfant noir,* 1953

⚜ ⚜ ⚜ ⚜ ⚜

*L*ISONS

Analysons

A. Lisez le poème attentivement et répondez aux questions.

1. Trouvez les adjectifs qui décrivent la mère dans la première strophe
   et dans la cinquième strophe.
2. Dans la deuxième strophe, trouvez les quatre verbes au passé simple.
   Mettez-les au passé composé.

3. Dans la deuxième strophe, qu'est-ce que sa mère a fait pour l'auteur quand il était très petit?
4. Trouvez les trois verbes à l'imparfait dans la quatrième strophe. Pourquoi l'auteur utilise-t-il l'imparfait ici?
5. Quel est le refrain qui se répète plusieurs fois?
6. Pourquoi l'auteur utilise-t-il le conditionnel «j'aimerais» dans la quatrième et la sixième strophe?
7. Trouvez le verbe au *passé simple* dans la dernière strophe. Mettez ce verbe au *passé composé*.

Discutons

B. Discutez des questions suivantes.

1. Comment l'auteur s'adresse-t-il à sa mère? Sur quel ton lui parle-t-il?
2. Quels sont les trois éléments de la nature qui sont mentionnés dans la troisième strophe? Quelles associations y voyez-vous?
3. Dans la quatrième strophe, que faisait souvent sa mère pour l'aider quand il était enfant?
4. Que désire le poète à la fin de la quatrième strophe?
5. Quel était le métier de la famille maternelle de l'auteur? Quelles associations faites-vous à ce métier?
6. À quoi l'auteur associe-t-il sa mère?
7. Expliquez le paradoxe de la dernière strophe.
8. Expliquez la nostalgie du poète.
9. À qui voudriez-vous écrire un poème comme celui-ci? Pourquoi?

ℳAINTENANT À VOUS

Récitation/Prononciation

A. Travaillez avec un(e) partenaire. Lisez à voix haute les trois premières strophes. Faites attention à la prononciation et à l'intonation. Votre partenaire va lire les trois dernières strophes. Est-ce qu'il y a une différence de ton ou de sujet entre ces deux parties? Expliquez.

Avec un(e) partenaire

B. Discutez des questions suivantes.

1. Êtes-vous heureux/heureuse en ce moment? Pourquoi ou pourquoi pas?

2. Étiez-vous plus heureux/heureuse quand vous étiez enfant?
3. À quel âge étiez-vous le plus heureux (la plus heureuse)? Aimeriez-vous retourner à l'époque où vous aviez cinq ans? dix ans? quinze ans? Pourquoi?

C. Créez un dialogue sur un des sujets suivants. Soyez prêts à jouer votre sketch devant la classe.

1. Vous parlez avec nostalgie de votre enfance.
2. Vous parlez avec nostalgie du pays natal que vous avez quitté.
3. Vous habitez dans une résidence universitaire loin de votre famille. Vous voulez partir. Votre camarade de chambre essaie de vous en dissuader.

Rédaction

D. Écrivez une courte rédaction sur un des sujets suivants.

1. Mes premiers souvenirs d'enfance
2. Ma première séparation de mes parents / de mes enfants
3. Le départ pour une colonie de vacances, du point de vue de l'enfant / du point de vue de la mère
4. Mon premier jour à l'université / à un nouvel emploi
5. Lettre/Poème à la personne qui a exercé la plus grande influence dans ma vie

 Le Petit Prince [extrait]

À PROPOS DE L'AUTEUR

Antoine de Saint-Exupéry (1900–1944) was born in Lyons, France, the son of an impoverished aristocratic family. He was a poor student and failed the entrance examination to the École navale.[1] In 1922, during his military service, he obtained his pilot's license. He started to fly in the 1920s when flying was still in its early stage. He worked for Aéropostale, which delivered mail in France and helped establish airmail routes in Africa and South America. Later, during World War II, he became a military reconnaissance pilot and flew dangerous missions. On July 31, 1944, Saint-Exupéry took off from Corsica on a war mission to France, but his plane disappeared and his body was never found.

Saint-Exupéry's works are the unique testimony of a pilot and warrior who looked at adventure and danger with a poet's eyes. His novels, including *Courrier Sud* (*Southern Mail*, 1929), *Vol de nuit* (*Night Flight*, 1931), *Terre des hommes* (*Wind, Sand and Stars*, 1939), and *Pilote de guerre* (*Flight to Arras*, 1942), based on his experience as a pilot, met with considerable success. *Le Petit Prince*, which he wrote and illustrated for children in 1943, is by far the most famous. The delightful adventures of the hero, rich with deep meaning, have charmed children and adults alike ever since.

PRÉPARONS-NOUS

A. Répondez aux questions suivantes sur le jardinage et les plantes.

1. Aimez-vous faire du jardinage? Pourquoi ou pourquoi pas?
2. En quelles saisons fait-on le plus de jardinage? Pourquoi?

---

[1] **École navale:** Naval College

3. Quelles plantes et quelles fleurs connaissez-vous?
4. Quelle est la différence entre une «bonne plante» et une «mauvaise herbe»?
5. Comparez un rosier à un baobab.[2] (Vous pouvez utiliser un dictionnaire.)

B. Utilisez les mots du dessin pour compléter le passage de façon logique.

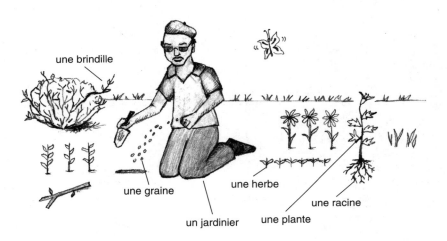

une brindille
une graine
une herbe
une racine
un jardinier
une plante

LA NAISSANCE D'UNE FLEUR

Au printemps le jardinier met des _____[1] dans la terre. Il arrose (*waters*) le jardin tous les jours jusqu'à ce que (*until*) les graines prennent _____.[2] Un beau jour, il voit une petite _____[3] qui sort de la terre et devient bientôt une _____[4] timide. Quelques jours après, l'herbe se transforme en une _____[5] robuste. Miracle! Un beau jour, elle devient une fleur magnifique!

C. Examinez les phrases suivantes et choisissez l'expression qui est synonyme de celle qui est en italique.

1. *Il me prend fantaisie de* manger une glace au chocolat.
   a. Je déteste
   b. J'ai envie de
   c. J'ai peur de

---

[2]The baobab tree grows in the plains of Africa. It provides shelter and fruit, and its bark is used for baskets and rope. The baobab grows to a diameter of 30 feet and may live for over 2,500 years, making it one of the oldest and largest living things on earth.

2. Si *l'on s'y prend* tôt, on finira avant midi.
   a. on réfléchit
   b. on commence
   c. on mange
3. Dans ce livre, *il s'agit de* la découverte de l'Amérique par Christophe Colomb.
   a. on traite de
   b. il fait
   c. on donne

D. Avec un(e) partenaire, utilisez les verbes suivants et écrivez deux phrases où chaque verbe sera utilisé de façon non-pronominale et de façon pronominale/réciproque.

appeler	disputer	sentir
choisir	laver	trouver
demander	promener	voir

MODÈLE: Je lave le chien. Je me lave les cheveux.

Maintenant, écrivez quelques phrases pour décrire les activités de votre journée dès (*since*) votre réveil en utilisant les verbes pronominaux que vous connaissez.

Mots et expressions

arracher	to pull out
s'astreindre	to force or compel oneself
aussitôt	immediately
se débarrasser de	to get rid of
dès que	as soon as
éclater	to burst, explode
encombrer	to clutter
s'étirer	to stretch
il s'agit de	it is a matter of
or	now, thus
le sol	soil, ground

The Little Prince leaves his planet (an asteroid) to discover the universe. He lands on planet Earth in the Sahara Desert, where he meets a pilot stranded there because of a technical problem with his plane. In the following passage, the Little Prince tells the pilot about his own planet and the devastating effect of the baobab tree.

Le Petit Prince [extrait]

Et en effet, sur la planète du petit prince, il y avait comme sur toutes les planètes, de bonnes herbes et de mauvaises herbes. Par conséquent de bonnes graines de bonnes herbes et de mauvaises graines de mauvaises herbes. Mais les graines sont invisibles. Elles dorment dans le secret de la terre jusqu'à ce qu'il prenne fantaisie à l'une d'elles de se réveiller. Alors elle s'étire, et pousse d'abord timidement vers le soleil une ravissante petite brindille inoffensive. S'il s'agit d'une brindille de radis ou de rosier, on peut la laisser pousser comme elle veut. Mais s'il s'agit d'une mauvaise plante, il faut arracher la plante aussitôt, dès qu'on a su la reconnaître. Or il y avait des graines terribles sur la planète du petit prince... c'étaient les graines de baobabs. Le sol de la planète en était infesté. Or un baobab, si l'on s'y prend trop tard, on ne peut jamais plus s'en débarrasser. Il encombre toute la planète. Il la perfore de ses racines. Et si la planète est trop petite, et si les baobabs sont trop nombreux, ils la font éclater.

« C'est une question de discipline, me disait plus tard le petit prince. Quand on a terminé sa toilette du matin, il faut faire soigneusement la toilette de la planète. Il faut s'astreindre régulièrement à arracher les baobabs dès qu'on les distingue d'avec les rosiers auxquels ils ressemblent beaucoup quand ils sont très jeunes. C'est un travail très ennuyeux, mais très facile. »

... « Il est quelquefois sans inconvénient de remettre à plus tard son travail. Mais, s'il s'agit des baobabs, c'est toujours une catastrophe. »

Le Petit Prince, 1943

❀ ❀ ❀ ❀ ❀

$\mathscr{L}$ISONS

Analysons

A. Lisez le passage avec attention et trouvez les mots qui traitent du travail de jardinage.

B. Répondez aux questions suivantes, puis comparez vos réponses avec celles d'un(e) partenaire.

1. Pourquoi une graine et, plus tard, une plante est-elle «bonne»? Que fait-on alors pour qu'elle pousse?
2. Pourquoi une graine et, plus tard, une plante est-elle «mauvaise»? Quels peuvent être ses effets sur l'environnement? Que faut-il alors faire?
3. Quelle est la plante que le petit prince considère comme terrible? Expliquez pourquoi en quelques phrases.
4. Si le petit prince laisse pousser les baobabs, que peut-il arriver?
5. Quelle leçon tire-t-il (*does he learn*) de cette expérience?

Discutons

C. Trouvez des exemples de *personnification* dans le passage. Expliquez et discutez-les.

D. Trouvez des exemples de *symboles* dans le passage. D'après vous, que représentent-ils? Expliquez et discutez-les. Connaissez-vous d'autres symboles qui sont reconnus universellement?

$\mathscr{M}$AINTENANT À VOUS

Récitation/Prononciation

A. Travaillez avec un(e) partenaire. Lisez le passage à voix haute. Faites attention à la prononciation et à l'intonation. Imaginez que vous racontez l'histoire à un groupe de petits enfants.

Avec un(e) partenaire

B. Créez un dialogue sur un des sujets suivants.

1. Un jardinier explique à un habitant de la ville comment s'occuper d'un jardin.
2. Le petit prince et le pilote discutent de l'importance de voyager.

Rédaction

C. Écrivez une courte rédaction sur un des sujets suivants.

1. Donnez un résumé du passage. Qui parle? À qui parle-t-il? De quoi parlent-ils? Que recommande le petit prince? Quelle leçon tire-t-il de son expérience des baobabs?

2. Le petit prince donne des conseils pour se protéger des graines de baobabs. Ses conseils reflètent une sagesse pratique. Expliquez comment ils pourraient s'appliquer à des situations concrètes dans votre vie personnelle. Donnez des exemples précis.

3. Connaissez-vous une fable ou un conte pour enfants dont la conclusion est une morale? Donnez un exemple précis et dites quelle leçon on peut en tirer. Si vous voulez, écrivez votre propre fable ou conte qui se termine par une morale.

4. Les graines de baobabs symbolisent un mal qui peut être moral, social ou politique (par exemple la drogue, la violence, la tyrannie). Montrez comment ce mal, s'il n'est pas contrôlé, pourrait grandir et avoir des conséquences désastreuses sur la société.

la narrator
le petit prince
l'au
author is pilot
le jardinage — gardening
(remove) les mauvais herbes
leçon — take care of problem everyday
bt burns too lg.

Troisième étape

L'appel des arènes [extrait]

Aminata Sow Fall (1941–) was born on the island of Saint Louis in Senegal. She was raised in a family steeped in African customs and traditions, where women's roles were clearly defined in terms of marriage and motherhood. As a child, Sow Fall loved to read. After completing her studies at the Lycée Van Vo in Dakar, she went to France to study literature and philology at the Sorbonne. She married in France in 1963, then returned to Senegal, where she noticed that values had changed: Money was dehumanizing society.

Sow Fall's first novel, *Le Revenant* (*The Ghost,* 1976), presents the natural and the supernatural worlds. In her second novel, *La Grève des battù* (*The Beggars' Strike,* 1979), she gives an ironic picture of the government administration in conflict with the beggars. *L'Ex-Père de la Nation* (1987) and *Le Jujubier du Patriarche* (1993) are both critical of the government and society.

Aminata Sow Fall has tried to find a balance between modern, Western culture and African traditions. She has taught and served on the National Commission to Reform the Teaching of French in Senegal. She is a strong believer in the survival of Africa and African values, which are reflected in all her novels. Currently living in Dakar, Sow Fall is manager of Khoudia Publishing House.

L'appel des arènes (*The Call of the Wrestling Arenas,* 1982) portrays a young Senegalese boy, Nalla, alienated from his Europeanized parents but closely attached to his grandmother and the traditions she upholds. Nalla is fascinated by traditional wrestling, listens to the beat of the tam tams, and runs to meet his mentor, the giant wrestling champion Malaw.

PRÉPARONS-NOUS

A. Répondez aux questions suivantes et comparez vos réponses avec un(e) partenaire.

1. Aimez-vous vous promener? Où? Quand? Avec qui?
2. Comment vous sentez-vous après avoir marché longtemps?
3. Croyez-vous à la vie après la mort?

4. Peut-on communiquer avec des ancêtres morts? Où? Comment? Comment honorez-vous les morts de votre famille?
5. Le baobab est un très grand arbre africain qui offre un abri (*shelter*) et des fruits. Il peut vivre plus de 2 000 ans. Quelles associations faites-vous à cet arbre?

B. Mettez les phrases suivantes au *passé récent* (**venir de** + infinitif).

MODÈLE: J'arrive. → Je viens d'arriver.

1. Je fais une offrande à l'église.
2. Nos grands-parents délivrent un message.
3. Le jardinier creuse un trou (*digs a hole*) dans la terre.
4. Nous envoyons une lettre.
5. Tu reçois une réponse.
6. Le champion traverse la ligne d'arrivée.

C. Pour indiquer la simultanéité, mettez les verbes suivants au *participe présent*.

MODÈLE: (faire) →
J'ai changé ma vie en *faisant* la connaissance de ce professeur extraordinaire!

1. Le jardinier chante en _____ (travailler).
2. Je me promène en _____ (chanter).
3. Les plantes changent de couleur en _____ (grandir).
4. Le héros est mort en _____ (défendre) son honneur.
5. Vous avez appris cette légende en _____ (voyager)?

D. Donnez *l'adverbe* qui correspond aux adjectifs suivants.

MODÈLES: heureux → heureusement
récent → récemment

1. long
2. sérieux
3. fréquent
4. constant
5. frais
6. ardent

E. Mettez le paragraphe suivant au passé en utilisant le *passé composé* pour les événements et l'*imparfait* pour les descriptions.

Vocabulaire:

s'agenouiller *to kneel*
atteindre *to reach*
s'élancer *to dash*
gémir *to moan, groan*

lorsque *when*
sur le coup *immediately*
veiller *to keep vigil over, watch over*
verser des larmes *to shed tears*
voguer *to float*

LA GRAND-MÈRE VIENT DE MOURIR

L'enfant (marcher)[1] dans le parc quand sa cousine lui (apprendre)[2] la triste nouvelle que sa grand-mère était morte. Sur le coup, il (s'élancer)[3] vers sa maison en courant. Ses parents (veiller)[4] le cadavre et (gémir).[5] Lorsque l'enfant (atteindre)[6] la chambre de sa grand-mère, il (voir)[7] ses parents qui (verser)[8] des larmes et (réciter)[9] des incantations. L'enfant (s'agenouiller)[10] devant le cadavre et (commencer)[11] à pleurer. Il (souhaiter)[12] parler une dernière fois à sa chère grand-mère, mais elle ne (pouvoir)[13] pas l'entendre. Son âme (être)[14] déjà au ciel.

Mots et expressions

atteint	reached (*past participle of* **atteindre**)
le buisson	bush
désormais	henceforth, from now on
dorénavant	henceforth, from now on
empli	filled (*past participle of* **emplir**)
l'épi (*m.*) **de maïs**	ear of corn
le flocon	flake
insuffler	to breathe into something
le poids	weight
le poumon	lung
veiller sur	to watch over
verser	to pour
le voile	veil

In this selection from L'appel des arènes, *Nalla and his mentor, Malaw, are walking through the bush to pay tribute to Nalla's grandmother Mame Fari and to his friend André, both recently deceased. They stop at the sacred baobab tree,[2] which Africans consider the tree of life.*

---

[2]baobab: See "Le Petit Prince," note 2.

L'appel des arènes [extrait]

Les personnages
Nalla: jeune garçon de 12 ans
Malaw: mentor et guide de Nalla, champion de lutte
André: ami et mentor de Nalla, mort en défendant son honneur
Mame Fari: grand-mère de Nalla, récemment décédée

Ils ont longtemps marché à travers les buissons gémissant sous le poids de Malaw. L'atmosphère embaumée d'essences mentholées a empli leurs poumons de la fraîcheur des brises matinales. Lorsqu'ils ont atteint le baobab sacré où dorénavant ils se rendent chaque semaine, Malaw s'est humblement agenouillé, a creusé de ses mains un petit trou au pied de l'arbre, et y a versé une gourde de lait en récitant des incantations[...]

—Je viens de faire une offrande à mes ancêtres afin qu'ils veillent, après Dieu, sur moi et sur toute ma descendance[...] Cet arbre est un symbole de vie, il plonge et fortifie ses racines dans la terre nourricière qui désormais abrite nos ancêtres. Ceux-ci insufflent à l'arbre une partie de leur force vitale. Nos ancêtres ne sont plus de ce monde mais c'est ici, au pied de cet arbre dont les racines sont sous la terre, qu'ils délivrent leur message aux savants.

Nalla n'avait pas très bien compris comment des ancêtres morts pouvaient envoyer des messages, et sur le coup il avait ardemment souhaité communiquer par ce moyen avec Mame Fari et avec André, et il avait commencé à voguer dans l'univers éthéré du merveilleux d'où il voyait André rayonnant de bonheur sous un voile de flocons laiteux et s'élançant les mains tendues vers lui en chantant :

—Petit, je viens avec les épis de maïs. Ne pars pas, attends-moi. Nous les grillerons ensemble et nous enivrerons de leur odeur de terre fraîchement labourée...

L'appel des arènes, 1982

ℒISONS

Analysons

A. Lisez attentivement le texte et trouvez dans la colonne B un synonyme pour chacun des termes de la colonne A.

A	B
1. s'agenouiller	naviguer
2. voguer	prendre soin de; protéger
3. atteindre	mettre à l'abri
4. s'enivrer	se soûler (*to get drunk*); s'exalter
5. abriter	aller à
6. se rendre à	parfumé
7. veiller sur	se mettre à genoux
8. embaumé	arriver

B. Répondez aux questions suivantes.

1. Où sont Malaw et Nalla dans cette scène?
2. Trouvez dans le premier paragraphe toutes les expressions qui décrivent la nature.
3. Qu'est-ce que Malaw a fait (trois actions) quand il est arrivé devant le baobab? À quel temps sont ces trois verbes? Y a-t-il une accélération de l'action? Expliquez.
4. Quelle sorte d'offrande Malaw fait-il à ses ancêtres?

5. Pourquoi fait-il cette offrande? Qu'est-ce qu'il espère recevoir de ces personnes mortes?
6. Comment les messages pénètrent-ils dans le baobab?
7. Qu'est-ce que les ancêtres insufflent à l'arbre?
8. Avec quelles personnes mortes Nalla veut-il communiquer?
9. Dans le rêve de Nalla, que fait André, son ami mort?

Discutons

C. Discutez des questions suivantes.

1. La nature est-elle pour Nalla une amie ou une ennemie? Expliquez.
2. Trouvez les participes présents (qui se terminent en **-ant**) et les adverbes (qui se terminent en **-ment**). Quel est l'effet de cette accumulation de participes présents et d'adverbes sur le rythme du passage?
3. Que symbolise le baobab?
4. Comment Nalla imagine-t-il le paradis?
5. Quel est le ton de ce passage? Voyez-vous une progression?
6. À votre avis, le narrateur est-il optimiste ou pessimiste à la fin?
7. Donnez un titre à ce passage.

*M*AINTENANT À VOUS

Récitation/Prononciation

A. Travaillez en groupes de trois. Un membre va lire les paroles du narrateur. Le deuxième membre va lire les paroles de Malaw. Le troisième membre de votre groupe lira les paroles d'André. Ensuite faites tous les trois une récitation de ce passage devant la classe. Faites attention à la prononciation et à l'intonation.

Avec un(e) partenaire

B. Créez un dialogue sur un des sujets suivants.

1. Vous vous promenez avec un ami. Il vous dit qu'il communique avec des morts. Vous ne le croyez pas.
2. Vous communiquez avec un parent qui est mort récemment.

Rédaction

C. Écrivez une courte rédaction sur un des sujets suivants.

1. Décrivez un endroit dans la nature où vous allez quand vous avez besoin d'être seul(e).

2. Écrivez une lettre à un ancêtre mort que vous voudriez revoir. Posez des questions importantes à cette personne.

3. À votre avis, y a-t-il une vie après la mort? Comment imaginez-vous l'au-delà? Que font les morts?

4. Faites une description de la nature et des arbres dans un paysage majestueux qui vous fait penser à l'immortalité.

Dors mon enfant

À PROPOS DE L'AUTEUR

Elolongué Epanya Yondo (1930–) was born in Cameroon. He went to study in Paris, where he lived for many years with the family of Alioune Diop, founder of the publishing house Présence Africaine. Influenced by the **Négritude**[1] movement, he sought to inspire a spirit of solidarity among his countrymen in their struggle to achieve a Utopian future that respects the traditional past. His collection of poems, *Kamerun ! Kamerun !* (1960), exalts the ideal of a Cameroonian nation as a future possibility and sings of a proud and glorious past.

Elolongué Epanya Yondo was the first African poet to write and publish his poems simultaneously in his native language, *douala,* and in French. Now back in his native country, he is compiling the epic history of his tribe and translating it into French.

PRÉPARONS-NOUS

A. Répondez aux questions suivantes.

1. Qui est le plus jeune membre de votre famille? Quel âge a-t-il (elle)? Est-ce votre frère? sœur? fils? fille? cousin(e)?
2. Décrivez un petit enfant que vous connaissez. Employez beaucoup d'adjectifs dans votre description.
3. À votre avis, quel est l'âge le plus difficile?
4. Quel est votre premier souvenir d'enfance?
5. En général, quels sont les rapports entre une mère (ou un père) et son bébé?

B. Donnez le fruit porté par chaque arbre.

MODÈLE: l'oranger → l'orange

1. le pommier
2. le cerisier
3. le citronnier
4. le poirier

---

[1]**Négritude:** See "L'homme qui te ressemble," note 1.

Une mère africaine et son bébé

C. Quels mots associez-vous à chacune des expressions suivantes? Quelles émotions évoquent ces termes? Comparez vos réponses avec celles d'un(e) partenaire.

1. mon enfant   3. dormir   5. la plage   7. la lune
2. beau   4. la mer   6. la nuit   8. l'aube

D. Complétez chaque phrase avec l'expression convenable.

1. **Dors** est la forme impérative d'un verbe qui signifie _____.
   - **a.** rester
   - **b.** sourire
   - **c.** se reposer
   - **d.** s'amuser

2. Un **enfant** est quelqu'un qui _____.
   - **a.** a moins de deux ans
   - **b.** a moins de cinq ans
   - **c.** a moins de dix ans
   - **d.** n'a pas encore atteint l'âge de la puberté

3. Un **bébé** est quelqu'un qui _____.
   - **a.** a moins de deux ans
   - **b.** a moins de cinq ans
   - **c.** a moins de dix ans
   - **d.** n'a pas encore atteint l'âge de la puberté

4. L'antonyme de **haut** est _____.
   - **a.** bas   **b.** petit   **c.** grand   **d.** fier

5. L'**aube** évoque surtout un sentiment _____.
   - **a.** de désespoir
   - **b.** d'espoir
   - **c.** de crainte _fear_
   - **d.** de colère _anger_

E. Qu'est-ce qu'une mère dit à son jeune enfant de faire? Choisissez parmi les verbes suivants et écrivez quatre phrases à l'*impératif.* Comparez vos phrases avec celles d'un(e) partenaire.

MODÈLES: manger sa soupe ⟶ Mange ta soupe.

se laver les mains ⟶ Lave-toi les mains.

écouter bien

être sage (*to be good*)

se laver les mains

manger sa soupe

ne pas se coucher trop tard

ne pas boire trop vite

ranger sa chambre

se tenir bien (*to behave well*)

Mots et expressions

l'aube (*f.*)	dawn
la brise	breeze
les clapotis (*m.*)	lapping (*of waves*)
naît	is born (*present of* **naître**)
sablonneuse	sandy
woua-woua	*onomatopoeic sound of waves*

Dors mon enfant

Dors mon enfant dors

Quand tu dors

Tu es beau

Comme un oranger fleuri. *in bloom*

Dors mon enfant dors
Dors comme
La mer haute
Caressée par les clapotis
De la brise
Qui vient mourir en woua-woua
Au pied de la plage sablonneuse.

Dors mon enfant dors
Dors mon beau bébé noir
Comme la promesse
D'une nuit de lune
Au regard de l'aube
Qui naît sur ton sommeil.

Dors mon enfant dors
Tu es si beau
Quand tu dors
Mon beau bébé noir dors.

Kamerun ! Kamerun !, 1960

❧ ❧ ❧ ❧ ❧

ℒISONS

Analysons

A. Trouvez tous les mots qui décrivent la nature. Quels mots nous permettent de deviner où se déroulent les événements de ce poème?

B. Qui parle dans ce poème? Trouvez tous les mots qui décrivent le rapport entre le poète et son enfant. Écrivez une phrase qui décrit l'attitude du poète envers son enfant.

C. Répondez aux questions suivantes sur la structure et la versification.

1. Quels mots se répètent le plus souvent dans ce poème? Quel est l'effet de ces répétitions?
2. Qu'est-ce que c'est qu'un *refrain*? Quel est le refrain de ce poème? Quel rôle y joue-t-il?
3. Qu'est-ce que c'est qu'une *onomatopée*? Trouvez-en un exemple dans ce poème et expliquez sa signification.

4. Qu'est-ce que c'est que l'*allitération*? Trouvez-en un exemple dans ce poème et expliquez sa signification.
5. Pourquoi y a-t-il si peu de ponctuation dans ce poème?
6. Pourquoi y a-t-il tant de mots monosyllabiques dans ce poème?
7. Comment le poète suggère-t-il le mouvement? Sur quelle sorte de mouvement insiste-t-il? Et pourquoi?
8. Quels mots le poète emploie-t-il pour créer une atmosphère de calme, de douceur et de tendresse?

D. Choisissez la phrase qui résume le mieux ce qui se passe dans le poème. Discutez votre choix avec la classe.

1. Une mère soigne un enfant malade qui ne peut pas s'endormir.
2. Un parent et son enfant se reposent sur la plage en attendant que le soleil se lève.
3. Une mère chante à son petit enfant pour l'endormir.
4. Un parent chuchotte (*whispers*) en regardant son petit enfant qui dort paisiblement (*peacefully*).

Cameroon est un jeune page.
baby is future

Discutons

E. Discutez des questions suivantes.

1. Quels éléments de la nature sont personnifiés ici et à quel effet?
negi.Fnde 2. Pourquoi le poète compare-t-il l'enfant à «un oranger fleuri»?
indep. 3. Qu'est-ce que le poète veut dire quand il dit que le bébé est «comme la promesse d'une nuit de lune au regard de l'aube»?
4. Quels adjectifs le poète emploie-t-il pour décrire le bébé? Quel est l'effet de cette image?
5. Devrait-on hausser ou baisser la voix en récitant ce poème? Pourquoi?

Parce que la mere is trying to get bébé to dormir

MAINTENANT À VOUS

Récitation/Prononciation

A. Choisissez une des récitations suivantes.

1. Apprenez le poème par cœur et préparez-vous à le réciter devant la classe.
2. Avec un(e) partenaire, lisez le poème à voix haute. Faites attention à la prononciation et à l'intonation. Pensez aussi aux sentiments du parent qui parle.

Avec un(e) partenaire

B. Créez un dialogue sur un des sujets suivants.

1. Un enfant ne veut pas aller au lit. Sa mère essaie de le raisonner.
2. Vous annoncez la naissance de votre enfant à un ami (une amie). Vous discutez de vos projets et de vos sentiments.

Rédaction

C. Écrivez une courte rédaction sur un des sujets suivants.

1. Comparez «Dors mon enfant» à une berceuse (*lullaby*) écrite en votre langue. (Voir des exemples ci-après.) Quelles ressemblances et quelles différences trouvez-vous?

   ROCK-A-BYE BABY
   Rock-a-bye baby on the tree-top.
   When the wind blows, the cradle will rock.
   When the bough breaks, the cradle will fall,
   And down will come baby, cradle and all.

   Traditional

   FAIS DODO, COLAS, MON P'TIT FRERE
   Fais dodo,[2] Colas,[3] mon p'tit frère
   Fais dodo, t'auras du lolo.[4]
   Maman est en haut,
   Qui fait du gâteau,
   Papa est en bas,
   Qui fait du chocolat.
   Fais dodo, Colas, mon p'tit frère
   Fais dodo, t'auras du lolo.

   French lullaby

2. Écrivez votre propre berceuse. Vous pouvez employer la répétition d'un seul verbe à l'*impératif* (mais n'employez pas «Dors»).
3. «L'enfant est la promesse du monde.» Commentez et expliquez.

---

[2]Fais dodo: Dors
[3]Colas: Nicolas
[4]du lolo: du lait

Avant

Andrée Chedid (1920–) was born in Cairo, Egypt. As a child, she attended boarding schools in Cairo and Paris. Married at age 21, she and her husband spent three years in Lebanon before settling in Paris in 1946. Her novels, poems, and dramas reflect the duality of her origins while at the same time transcending geographic boundaries to treat such universal themes as the drama of the human condition, man's relationship to the universe, the cycle of birth and death, and the evolution of individuals through time. Among her many novels are *Le Sommeil délivré* (*From Sleep Unbound,* 1952), *Le Sixième jour* (*The Sixth Day,* 1960), *La Cité fertile* (*The Fertile City,* 1972), and *Les Marches de sable* (*Steps of Sand,* 1981). Her numerous volumes of poetry include *Textes pour un poème* (1950), *Contre-Chant* (*Descant,* 1968), and *Fraternité de la parole* (*Brotherhood of the Word,* 1976).

𝒫RÉPARONS-NOUS

A. Complétez les phrases suivantes avec **avant** ou **après**.

1. Le cours de français commence ⟨avant⟩ midi.
2. Les oiseaux chantent ⟨après⟩ le lever du soleil.
3. Je me brosse les dents _____ le petit-déjeuner.
4. La personnalité se forme _____ la naissance.
5. La joie vient toujours ⟨après⟩ la peine.

B. Transformez les phrases de l'exercice A selon le modèle.

MODÈLE: Le cours de français commence avant midi. →
          C'est avant midi que commence le cours de français.

C. Trouvez dans la colonne B les antonymes des mots de la colonne A.

A	B
la naissance	le silence
le début	le passé
la voix	le libre arbitre (*free will*)
le destin	la mort
l'avenir	la fin

D. Complétez les phrases avec la forme convenable d'un des verbes suivants.

se fomenter	reposer
se hasarder	résider
progresser	

1. Les lois des États-Unis *reste* ____ sur la Constitution.
2. Le SIDA *pro* ____ rapidement en Afrique et en Asie.
3. En été, nous *reposons* dans une jolie petite ville des Alpes.
4. Il fait si froid que je n'ose pas (*I don't dare*) *me hasarder* dehors (*outdoors*).
5. La révolte *se formente* longtemps avant qu'elle n'explose (*before it erupts*).

E. Faites une liste de tous les verbes qui résument toute une vie de la naissance à la mort. Par exemple: **naître, grandir, aller à l'école, mûrir.** Ensuite, choisissez parmi ces verbes les cinq que vous jugez les plus importants. Comparez votre liste avec celle d'un(e) partenaire et justifiez vos choix.

se fomenter	to instigate, stir up
se hasarder	to take risks, venture
la parole	word; speech
le pas	footstep

Avant

[handwritten: Before you're born]

C'est avant ta naissance *[handwritten: you are taking risks]*
       que se hasarde ta vie

[handwritten: Cycle of life / le cycle de la vie]

C'est avant ton regard *[handwritten: Before you look you have images from stories]*
       que résident tes images

C'est avant ta parole
       que repose ta voix

C'est avant ton pas
       que progresse ta route *[handwritten: moving / open road / not static]*

C'est bien avant ta mort
que se fomente ta fin.

Contre-Chant, 1968

❧ ❧ ❧ ❧ ❧

Lisons

Analysons

A. Ce poème est composé de cinq phrases qui commencent par la formule **C'est avant...**, et qui contiennent chacune un verbe. Lisez le poème attentivement, trouvez ces cinq verbes et ensuite, trouvez les sujets de ces verbes.

B. Transformez les cinq phrases du poème selon le plan suivant.

Sujet + verbe + **avant** + adjectif possessif + nom

C. Répondez aux questions suivantes.

1. En général, quel est l'effet d'une répétition? Dans ce poème, quel est l'effet de la répétition de la même structure dans les cinq phrases?
2. Commentez l'absence de ponctuation dans ce poème.

Discutons

D. Discutez des questions suivantes.

1. Commentez la notion de la vie qui «se hasarde» avant la naissance. Est-ce paradoxal? Expliquez.
2. Interprétez l'expression «tes images» dans le deuxième vers. S'agit-il des images (photos, dessins) que le lecteur aura en sa possession, des images qu'il se fera du monde ou des images que d'autres se feront de lui? Expliquez.
3. Commentez le sens du verbe «repose» dans le troisième vers.
4. Commentez le sens du verbe «progresse» dans le quatrième vers. Est-ce normal que la route progresse? Expliquez.
5. Comment interprétez-vous l'emploi du verbe «se fomente» dans le dernier vers? Est-ce qu'il implique un complot? Expliquez.
6. À qui s'adresse le poème?
7. Qui parle dans ce poème?
8. Est-ce que ce poème exprime un sentiment d'espoir ou de fatalité? Expliquez.
9. En quoi le dernier vers est-il différent des autres? Pourquoi?
10. Quelle est l'idée centrale du poème?

ℳAINTENANT À VOUS

Récitation/Prononciation

A. Avec un(e) partenaire, lisez le poème à voix haute. Faites attention à la prononciation et à l'intonation et aussi à la progression de pensée dans le poème.

Avec un(e) partenaire

B. Créez un dialogue sur un des sujets suivants.

1. Vous posez des questions à votre grand-père sur les étapes les plus importantes de sa vie.
2. Imaginez un dialogue entre quelqu'un qui croit à la fatalité et quelqu'un qui croit au libre arbitre.

Rédaction

C. Écrivez une courte rédaction sur un des sujets suivants.

1. Une personne célèbre (acteur/actrice, chanteur/chanteuse, écrivain, etc.) raconte les étapes de sa vie et de sa carrière.
2. Notre personnalité se forme par l'hérédité et l'environnement. D'après vous, lequel est le plus important? Expliquez.
3. Ce poème énonce un certain nombre de vérités ou de maximes. Imaginez que vous êtes la personne à qui le narrateur s'adresse. Décrivez votre réaction.

 *Antigone* [extrait]

A PROPOS DE L'AUTEUR

Jean Anouilh (1910–1987) was a popular playwright whose works enjoyed great success in France, England, and the United States. He wrote comedies and farce, including *Le Bal des voleurs* (*Thieves' Carnival,* 1938), which he published in his collection *Pièces roses* (*Pink Plays*), as well as darker, more serious plays, published in his collection *Pièces noires* (*Black Plays*). He was inspired by actor-director Louis Jouvet,[1] for whom he worked as secretary, and by the poetic plays of Jean Giraudoux, the classical seventeenth- and eighteenth-century comedies of Molière and Marivaux, and the character studies of the nineteenth-century Italian dramatist Pirandello. Anouilh presents a skeptical, ironic view of society by portraying the struggle between an idealistic, young protagonist and corrupt middle-aged antagonists. The conflict between youthful idealism and adult cynicism is at the core of Anouilh's three major character plays, *Antigone* (1944), *L'Alouette* (*The Lark,* 1953), the story of Joan of Arc, and *Becket ou l'Honneur de Dieu* (*Becket or the Honor of God,* 1959).

In *Antigone,* Anouilh uses myth to create a dual vision, contrasting the idealized image of the Greek heroine with the sordid reality of everyday life. Antigone's confrontation and debate with her uncle Créon, King of Thebes, is a dialogue between the voice of youthful idealism and the voice of mature pragmatism. Performed in 1944, toward the end of the German Occupation of France in World War II, *Antigone* presents many arguments of the French Resistance[2] movement in the speeches of the heroine, who refuses to collaborate or compromise her ideals. Créon is not depicted as a harsh villain but as an ordinary human who uses every logical argument to save his niece's life.

---

[1]Louis Jouvet (1887–1951) was a famous French actor and director who is noted for directing classical comedies by Molière and contemporary plays by Jules Romains and Jean Giraudoux.
[2]Resistance: See "La Fourmi," note 2.

$\mathscr{P}$RÉPARONS-NOUS

A. Répondez aux questions suivantes.

1. De quoi parlez-vous avec votre sœur ou votre frère?
2. Comparez votre personnalité avec celle de votre sœur, votre frère ou votre cousin(e). Expliquez vos différences et vos ressemblances.
3. Qu'est-ce que vos parents ne vous permettaient pas de faire quand vous étiez petit(e)? Qu'est-ce que vous aviez envie de faire? Décrivez ces activités interdites.
4. Quelle sorte d'enfant étiez-vous? (Utilisez deux adjectifs.) Quand vous désobéissiez à vos parents, qu'est-ce qu'ils faisaient? Comment est-ce qu'ils vous punissaient?
5. Réfléchissez-vous avant d'agir ou faites-vous parfois ce qui vous passe par la tête? Expliquez.

B. Refaites des phrases en remplaçant **devoir** + infinitif par **Il faut que** + subjonctif.

MODÈLE: Je dois réfléchir. → Il faut que je réfléchisse.

1. Le roi doit donner l'exemple.
2. Antigone doit désobéir.
3. Nous devons faire attention.
4. Tu dois boire de l'eau.
5. Vous devez comprendre.

C. Mettez la forme correcte du *subjonctif* dans les phrases suivantes.

1. Le roi veut que nous _____ (obéir).
2. Tu veux que je _____ (courir) avec toi?
3. Tes parents ne veulent pas que tu _____ (faire) trop de bruit.
4. Je veux que vous _____ (écouter) les explications.
5. On ne veut pas que l'enfant _____ (aller) dans l'eau.

D. On emploie l'expression **on n'a qu'à** + infinitif (*all one has to do is . . .*) pour donner des conseils ou faire des suggestions. Complétez les phrases en choisissant parmi les verbes suivants.

choisir le bon numéro   obéir à la loi
étudier sérieusement   se baigner dans la piscine
faire des économies

1. Pour pouvoir voyager en été, on n'a qu'à _____ en hiver.
2. Pour éviter des problèmes avec les autorités, on n'a qu'à _____.

avoir

3. Si tu as trop chaud, tu n'as qu'à _____.
4. Si vous voulez réussir à l'université, vous n'avez qu'à _____.
5. Si mon frère désire gagner à la loterie, il n'a qu'à _____.

Mots et expressions

C'est bien fait pour elle	It serves her right, She deserves it
la dalle	flooring tile
l'eau (*f.*) **fuyante**	running water
enterrer	to bury
entêté	obstinate; headstrong
fou (folle)	crazy
j'aurais bien voulu	I would have liked (*past conditional tense*)
le mendiant	beggar
sale bête	rotten pest
les sourcils (*m.*) **joints**	eyebrows knit; frowning
Te voilà lancée	There you go again

Early in the play, Antigone's brother, Polynice, led an unsuccessful rebellion against his brother, Etéocle, to gain military control of Thebes. Both brothers died on the battlefield. King Créon, who remained in power, issued an order that Etéocle would receive a full military funeral but that the body of his brother Polynice would be left outside to rot and decay to prove to the citizens of Thebes that Créon would not tolerate any revolution.

Elise Stone dans le rôle d'Antigone

In the following scene, Antigone's sister Ismène tries to persuade her not to defy Créon's order by burying their brother. Antigone refuses to listen to her sister's arguments or to examine the situation from Créon's point of view.

Antigone [extrait]

ISMÈNE: Tu sais, j'ai bien pensé, Antigone.

ANTIGONE: Oui.

ISMÈNE: J'ai bien pensé toute la nuit. Tu es folle.

ANTIGONE: Oui.

ISMÈNE: Nous ne pouvons pas.

ANTIGONE: (*après un silence, de sa petite voix*) Pourquoi?

ISMÈNE: Il nous ferait mourir.

ANTIGONE: Bien sûr. À chacun son rôle. Lui, il doit nous faire mourir, et nous, nous devons aller enterrer notre frère. C'est comme ça que ça été distribué. Qu'est-ce que tu veux que nous y fassions?

ISMÈNE: Je ne veux pas mourir.

ANTIGONE: (*doucement*) Moi aussi j'aurais bien voulu ne pas mourir.

ISMÈNE: Écoute, j'ai bien réfléchi toute la nuit. Je suis l'aînée. Je réfléchis plus que toi. Toi, c'est tout ce qui te passe par la tête tout de suite, et tant pis si c'est une bêtise. Moi, je suis plus pondérée. Je réfléchis.

ANTIGONE: Il y a des fois où il ne faut pas trop réfléchir.

ISMÈNE: Si, Antigone. D'abord c'est horrible, bien sûr, et j'ai pitié moi aussi de mon frère, mais je comprends un peu notre oncle.

ANTIGONE: Moi je ne veux pas comprendre un peu.

ISMÈNE: Il est le roi, il faut qu'il donne l'exemple.

ANTIGONE: Moi, je ne suis pas le roi. Il ne faut pas que je donne l'exemple, moi... Ce qui lui passe par la tête, la petite Antigone, la sale bête, l'entêtée, la mauvaise, et puis on la met dans un coin ou dans un trou. Et c'est bien fait pour elle. Elle n'avait qu'à ne pas désobéir!

ISMÈNE: Allez! Allez!... Tes sourcils joints, ton regard droit devant toi et te voilà lancée sans écouter personne. Écoute-moi. J'ai raison plus souvent que toi.

ANTIGONE: Je ne veux pas avoir raison.

ISMÈNE: Essaie de comprendre au moins!

104 *Jean Anouilh*

Antigone (Elise Stone) et Ismène (Jeanne Bemers)

ANTIGONE: Comprendre... Vous n'avez que ce mot-là dans la bouche, tous, depuis que je suis toute petite. Il fallait comprendre qu'on ne peut pas toucher à l'eau, à la belle eau fuyante et froide parce que cela mouille les dalles, à la terre parce que cela tache les robes. Il fallait comprendre qu'on ne doit pas manger tout à la fois, donner tout ce qu'on a dans ses poches au mendiant qu'on rencontre, courir, courir dans le vent jusqu'à ce qu'on tombe par terre et boire quand on a chaud et se baigner quand il est trop tôt ou trop tard, mais pas juste quand on en a envie! Comprendre. Toujours comprendre. Moi, je ne veux pas comprendre. Je comprendrai quand je serai vieille. (*Elle achève doucement.*) Si je deviens vieille. Pas maintenant.

Antigone, 1944

⚜ ⚜ ⚜ ⚜ ⚜

le libre aubitre
la destinée

la guerre

Antigone **105**

la Résistance

$\mathscr{L}$ISONS

Analysons

A. Lisez attentivement la scène. Avec un(e) partenaire, trouvez dans la colonne B le contraire de chacun des termes de la colonne A.

A	B
achever	avoir tort
faire mourir	commencer
tacher	sécher
avoir raison	sauver la vie
mouiller	nettoyer

B. Répondez aux questions suivantes.

1. Trouvez tous les adjectifs qui décrivent Antigone. Quelles sont ses qualités? Quels sont ses défauts?
2. Quel adjectif Ismène utilise-t-elle pour se décrire? Comment est-elle différente de sa sœur?
3. Trouvez six verbes à l'infinitif qui décrivent les actions qu'Antigone voulait faire quand elle était enfant.
4. Pourquoi est-ce qu'on ne lui permettait pas de faire certaines choses comme de toucher à l'eau et à la terre?
5. Quel verbe est répété dans ce passage? Quel est l'effet de cette répétition? Décrivez l'attitude d'Antigone.

Discutons

C. Discutez des questions suivantes.

1. Antigone dit «À chacun son rôle». Selon Antigone, quel est le rôle de Créon? Qu'est-ce qu'il doit faire? Pourquoi? Quel est le rôle d'Antigone? Selon Antigone, qu'est-ce que les deux sœurs doivent faire?
2. D'après vous, comment ces rôles ont-ils été distribués? Étaient-ils prédestinés?
3. Comment le roi voit-il le monde?
4. Comment Antigone perçoit-elle son oncle Créon et sa vision du monde?
5. Quel est le langage de ce passage—formel? familier? poétique? etc.
6. À votre avis, est-ce que ce langage convient à une princesse? Expliquez.

7. Y a-t-il une différence de niveaux de langage entre les deux sœurs? Expliquez.

${\mathcal M}$ AINTENANT À VOUS

Récitation/Prononciation

A. Dans cette scène, deux points de vue s'opposent—celui d'Antigone et celui d'Ismène. Avec un(e) partenaire, lisez les rôles des deux sœurs. Faites attention à la prononciation et à l'intonation. Ensuite changez de rôle en faisant attention à la différence de ton.

Avec un(e) partenaire

B. Créez un dialogue sur un des sujets suivants.

1. Deux étudiants discutent sur la prolifération des armes nucléaires; l'un est pour, l'autre est contre.
2. Un étudiant (Une étudiante) refuse d'obéir à un règlement imposé par l'université—augmentation de frais de scolarité, examen d'entrée, examen final, etc. Inventez un dialogue entre l'étudiant(e) et un responsable de l'administration.

Rédaction

C. Écrivez une courte rédaction sur un des sujets suivants.

1. Décrivez votre personnalité et comparez-la à celle de votre frère/sœur ou de votre amie(e).
2. Quand vous étiez plus jeune, étiez-vous comme Antigone ou comme Ismène? Expliquez.
3. Quand vous serez plus âgé(e), serez-vous plus idéaliste ou plus réaliste? Allez-vous changer? Comment?
4. Comparez et contrastez l'attitude d'Antigone avec celle d'Ismène. À votre avis, laquelle des deux sœurs a raison? Si vous étiez à la place d'Antigone, que feriez-vous?

Les sans-abri (in Haïti chérie)
[extrait]

without shelter / homeless

À PROPOS DE L'AUTEUR

Maryse Condé (1937–) was born in Pointe-à-Pitre in Guadeloupe. In search of her roots, she traveled in Africa and taught in Guinea, Ghana, and Senegal. In 1970, Condé went to France where she completed a doctorate in comparative literature. She later taught at several universities, both near Paris and in the United States. She became well known as a keen literary critic, a journalist, and a broadcaster at Radio France Internationale.

Condé has written essays, poetry, and several novels, including *Hérémakhonon* (1976), *Une saison à Rihata* (*A Season in Rihata*, 1988), *Traversée de la mangrove* (*Crossing the Mangrove*, 1990), and *Moi, Tituba--, sorcière noire de Salem* (*I, Tituba, Black Witch of Salem*, 1992). *Haïti chérie* was published in 1991. Condé currently teaches literature at Columbia University.

*P*RÉPARONS-NOUS

A. Répondez aux questions suivantes.

1. Connaissez-vous Haïti? À votre avis, est-ce un pays riche ou un pays pauvre?
2. Quelles sont les différences entre les pays riches et les pays pauvres?
3. Pourquoi appelle-t-on les pays pauvres «pays sous-développés» ou «pays en voie de développement»? Quelle définition préférez-vous? Pourquoi?
4. Pourquoi certains habitants de pays en voie de développement veulent-ils émigrer?
5. L'exode des cerveaux (*brain drain*) est un vrai problème pour les pays en voie de développement. Expliquez.

B. Répondez aux questions suivantes sur les sans-abri.

1. Dans quels pays ou dans quelles villes trouve-t-on des sans-abri?
2. Est-ce qu'il y a des sans-abri dans votre ville? dans votre pays?
3. S'il y a des sans-abri dans votre ville, où dorment-ils?

Une rue de Port-au-Prince

4. Qu'est-ce qu'ils mangent? Que font-ils pendant la journée?
5. À votre avis, quelles sont les raisons de ce problème? La société? Les sans-abri eux-mêmes? La drogue? L'alcoolisme? Le chômage?

C. Complétez les phrases avec les mots suivants.

l'angoisse (*f.*) *anguish; distress*
avoir beau *to (do something) in vain*
hors de *outside of*
malgré *despite*
pourtant *nevertheless*
Que de *What . . . !*

1. C'est un métal faible, _____ il résiste.
2. _____ travail nous avons à la fin du semestre!
3. Il est plus agréable d'habiter _____ la ville.
4. Avant un examen, une étrange _____ me saisit toujours.
5. Il est devenu comédien _____ les conseils de son père.
6. On _____ protester, personne n'écoute.

D. Complétez le passage de façon logique en choisissant parmi les verbes suivants au *passé simple*.

alla	décida	eut	fut	regarda
s'aperçut	se demanda	se fit	prit	trouva

LE JEUNE HOMME ET LA ROSE

Quand il _____[1] tard, le jeune homme _____[2] de rendre visite à sa petite amie. Il _____[3] ce qu'il pourrait bien lui offrir et il _____[4] qu'il n'avait pas d'argent. Alors, il _____[5] une idée géniale. Il _____[6] dans son jardin et il y _____^{7} une belle rose. Il la _____^{8} et, voyant qu'elle était si belle, il la _____^{9} pour l'offrir à celle qu'il aimait. Ce soir-là, la jeune fille _____^{10} très heureuse.

Mots et expressions

aisé	easy
âpre	grim, harsh
avoir droit	to have the right, be entitled to something
bourdonner	to buzz
se douter	to suspect
errer	to wander, roam
les galeries (*f.*)	arcades
les haillons (*m.*)	rags
le moyen	means
les sans-abri (*m.*)	homeless people
le toit	roof

Les sans-abri is a chapter in Maryse Condé's novel Haïti chérie. *Set in Haiti, it is the story of a young Haitian girl, Rose-Aimée, who had to leave her parents, Mano and Régina, and her native village because of a drought that caused a severe food shortage in the community. She goes to work as a servant in Port-au-Prince for a rich and cruel woman. One day she is sent on an errand and accidentally loses the money entrusted to her. Afraid of being beaten, she decides not to return to her employer's home and finds herself alone one night among the homeless.*

Les sans-abri [extrait]

Mais voilà, Mano et Régina ne l'avaient pas habituée à cela ! Quand la nuit se fit vraiment sombre, Rose-Aimée <u>alla</u> chercher refuge près de la cathédrale où, elle le savait, dormaient de nombreux sans-abri. Que de misérables étaient couchés là dans leurs haillons ! Rose-Aimée se demanda ce qu'ils devenaient en cas de pluie. Sans doute se réfugiaient-ils sous les galeries des maisons voisines. Bien vite, Rose-Aimée s'aperçut que, même là, il n'était point aisé de se procurer une place. Les dormeurs avaient leurs habitudes,

réservant des places pour leurs amis encore occupés à errer à travers la ville dans l'espoir de se procurer un peu de nourriture.

Rose-Aimée savait déjà que son pays était un des plus pauvres de la terre. Cependant, elle ne se doutait pas que tant d'hommes et tant de femmes n'y possédaient pas ce bien auquel tout homme devrait avoir droit : un toit au-dessus de sa tête.

Pourquoi ? Pourquoi des peuples sont-ils riches, et d'autres si pauvres qu'ils doivent aller chercher hors de leur pays natal des moyens de subsister ? Rose-Aimée eut beau tourner cette question dans sa tête, elle ne lui trouva pas de réponse. [...]

Rose-Aimée regarda autour d'elle. La nuit était noire à présent et des myriades de moustiques bourdonnaient autour des corps abandonnés des dormeurs. Elle avait treize ans et se trouvait à des kilomètres des siens, dans une ville inconnue. Pourtant, malgré sa peur, son angoisse et son profond sentiment de solitude, elle découvrait un sentiment dont elle ignorait la saveur âpre et puissante : la liberté.

Haïti chérie, 1991

Les sans-abri **111**

$\mathscr{L}$ISONS

Analysons

A. Lisez le texte avec attention. Avec un(e) partenaire, dressez deux listes: une liste de verbes au *passé simple* et une liste de verbes à l'*imparfait*. Ensuite, mettez tous les verbes qui sont au passé simple au *passé composé*.

B. Répondez aux questions suivantes.

1. Y a-t-il une différence de ton entre le passé simple et le passé composé? Expliquez.
2. Dans le troisième paragraphe, à quel temps est la phrase qui commence avec le mot **pourquoi**? Pourquoi Maryse Condé a-t-elle choisi ce temps?

C. Répondez aux questions suivantes.

1. Où se passe la scène? Dans quel pays? Dans quelle ville?
2. Où Rose-Aimée se réfugie-t-elle?
3. Avec qui se retrouve-t-elle?

Discutons

D. Lisez attentivement le passage et discutez des questions suivantes.

1. À votre avis, est-ce que les sans-abri s'entraident (*help each other*)? Comment?
2. Pourquoi Rose-Aimée ressent-elle (*Why does Rose-Aimée feel*) un sentiment d'injustice?
3. Relevez tous les mots ou expressions qui décrivent toute la gamme de sentiments de Rose-Aimée. Est-ce que ses sentiments changent du premier paragraphe au dernier paragraphe? Expliquez.
4. Le passage finit-il sur une note négative ou positive? Expliquez.
5. Pourquoi l'auteur dit-elle que la liberté de Rose-Aimée avait une «saveur âpre»?

$\mathscr{M}$AINTENANT À VOUS

Récitation/Prononciation

A. Travaillez avec un(e) partenaire. Lisez le passage à voix haute. Faites attention à la prononciation et à l'intonation. Tenez compte (*take into account*) des sentiments de Rose-Aimée quand vous lisez.

Avec un(e) partenaire

B. Composez un dialogue sur un des sujets suivants. Soyez prêts à lire votre dialogue ou à jouer votre sketch devant la classe avec votre partenaire.

1. Deux sans-abri se rencontrent et parlent de leurs problèmes.
2. Une entrevue avec une assistante sociale et un(e) sans-abri.
3. Le maire décide de faire quelque chose pour les SDF (sans domicile fixe) de sa ville. Lors d'une entrevue avec un(e) journaliste de la presse locale, il explique ses projets.
4. Imaginez que vous habitez dans un pays pauvre. Vous venez de finir vos études et vous avez décidé d'émigrer dans un pays industrialisé où vos chances d'avenir sont meilleures. Votre père essaie de vous faire changer d'avis. Écrivez un court dialogue entre vous et votre père.

Rédaction

C. Choisissez un des sujets suivants et écrivez une courte rédaction.

1. Imaginez pourquoi Rose-Aimée a quitté son village natal et ses parents. Quels espoirs avait-elle en venant travailler à Port-au-Prince?
2. À la fin du roman, Rose-Aimée va essayer de partir pour les USA pour y trouver une vie meilleure. Est-ce un choix positif ou négatif? Expliquez.
3. On trouve des sans-abri dans les métros, dans les rues, dans les parcs, etc. Ils représentent un vrai problème de société. Qu'est-ce que vous aimeriez faire pour leur venir en aide?
4. Vous venez de finir vos études et vous décidez d'aller travailler pour le «Peace Corps» pour venir en aide à un pays en voie de développement. Vous écrivez une courte lettre au directeur de l'organisation pour lui expliquer les raisons de votre choix et ce que vous aimeriez faire.

L'Amérique au jour le jour [extrait]

À PROPOS DE L'AUTEUR

Simone de Beauvoir (1908–1986) was born to a respectable bourgeois family, received the **agrégation**[1] in philosophy from the University of Paris, and taught in secondary schools until 1943 when she devoted herself to writing.

Her novels are fictional interpretations of the existentialist[2] philosophy. *Les Mandarins* (*The Mandarins,* 1954) chronicles the attempts of a group of intellectual elite to engage in political activism.

Her two-volume treatise *Le Deuxième Sexe* (*The Second Sex,* 1949–1950), a study on the status of women, had a profound impact on the feminist movement throughout the world. Her autobiographical writings—four volumes of memoirs—give a personal view of the political and social climate of France from the 1920s to the 1970s and provide insight into her life-long relationship with Jean-Paul Sartre.[3]

*P*RÉPARONS-NOUS

A. Répondez aux questions suivantes.

1. Qu'est-ce que vous prenez d'habitude au petit déjeuner? Précisez ce que vous mangez et buvez chaque matin. Comparez votre réponse avec celle d'un(e) partenaire.

---

[1] The **agrégation** is a competitive examination to qualify for teaching positions in state secondary schools in France.
[2] The existentialist philosophy holds that each person exists as an individual in a purposeless universe and must oppose the hostile environment by exercising free will.
[3] Jean-Paul Sartre (1905–1980), the leading existentialist philosopher of the twentieth century and the founder of the literary magazine *Les Temps modernes,* worked for the Resistance in World War II and fought for human rights his entire life. In his essays, novels, and plays, he advocated individual freedom, responsibility, and authenticity.

2. Qu'est-ce qu'on prend au petit déjeuner en France? Préférez-vous le petit déjeuner en Amérique ou le petit déjeuner en France? Pourquoi?

3. Où prenez-vous généralement le petit déjeuner? Avec qui? Quand est-ce que vous déjeunez (*eat breakfast*) seul(e)? Aimez-vous déjeuner seul(e)? Pourquoi ou pourquoi pas?

4. Où prenez-vous le petit déjeuner quand vous êtes en voyage?

5. Quand est-ce qu'on prend le petit déjeuner dans un café ou un *drug-store?*

B. Répondez aux questions suivantes.

1. Quels articles est-ce qu'on vend dans un *drug-store* américain? Dressez une liste de tout ce qu'on peut y acheter. Comparez votre liste avec celle d'un(e) partenaire.

2. Dans une pharmacie en France, on vend surtout des médicaments et des produits de beauté. Quels sont les articles qui se trouvent dans un *drug-store* américain qu'on ne peut pas acheter dans une pharmacie française?

C. Répondez aux questions suivantes.

1. Quelles images associez-vous à New York? Dressez une liste de tous les adjectifs qui pourraient décrire New York. Comparez votre liste avec celle d'un(e) partenaire.

2. Voudriez-vous visiter New York ou une autre grande ville? Laquelle? Pourquoi?

New York, un *drug-store*

D. Complétez les phrases en employant les verbes suivants au temps convenable.

s'amuser   se lever
s'arrêter   se réjouir
se coucher   se réveiller

1. Hier soir mes copines _____ tard.
2. Je vais _____ chez mes amis ce soir.
3. Après être tombée malade, ma cousine _____ de fumer.
4. Les étudiants _____ chaque fois qu'ils avaient congé.
5. _____, mon enfant! Tu dois prendre ton petit déjeuner et partir pour l'école ce matin.
6. Nous n'étions pas obligés de travailler pendant les vacances. Alors nous ne _____ pas tôt.

E. Posez les questions suivantes à un(e) partenaire. Votre partenaire doit répondre en employant les pronoms **me** et **te**.

MODÈLE: Est-ce que les journées d'hiver te semblent trop longues ou trop courtes? →
Elles me semblent trop courtes.

1. Préfères-tu te coucher tôt ou tard? Pourquoi?
2. Que fais-tu quand tu ne peux pas t'endormir?
3. Est-ce que les vitrines des boutiques et des grands magasins te fascinent? Pourquoi ou pourquoi pas?
4. Est-ce que les journaux de voyage t'intéressent? Pourquoi ou pourquoi pas?
5. Est-ce que les photos de voyage de tes amis te semblent intéressantes ou ennuyeuses? Pourquoi?
6. Si tu voyages dans un pays où tu ne comprends pas la langue, est-ce que cela te sépare des habitants de ce pays? Explique.
7. Qu'est-ce qui pourrait t'isoler des habitants d'un pays étranger—ta façon de t'habiller? l'incompréhension de la culture et des coutumes de ce pays? Y a-t-il autre chose?

Mots et expressions

ailleurs	elsewhere
l'aliment (*m.*)	food
l'aubaine (*f.*)	windfall, godsend
le brillant	glossiness
le campement	encampment

cracher	to spout, splutter
éprouver	to feel
être des leurs	to be one of them
s'éventer	to spoil, go flat
la pâte dentifrice	toothpaste
rendre inutile	to render useless
le savon	soap
savonner	to lather
le siècle	century

In 1947, Simone de Beauvoir spent four months in America and recorded her impressions in a travel diary, L'Amérique au jour le jour. *She was both puzzled and fascinated by New York.*

L'Amérique au jour le jour
[extrait]

29 janvier.

Je me suis encore couchée tard; mais il y a quelque chose dans l'air de New York qui rend le sommeil inutile; peut-être est-ce que le cœur bat plus vite qu'ailleurs : les gens malades du cœur dorment peu et beaucoup de New Yorkais meurent de maladies de cœur; en tout cas je me réjouis de cette aubaine : les journées me semblent trop courtes.

Le petit déjeuner dans le *drug-store* du coin est une fête. Jus d'orange, toasts, café au lait, c'est un plaisir qui ne s'évente pas. Assise sur mon siège tournant, je participe un moment à la vie américaine; ma solitude ne me sépare pas de mes voisins qui déjeunent seuls eux aussi; c'est plutôt le plaisir même que j'éprouve à être des leurs qui m'isole; ils mangent simplement, ils ne sont pas à la fête.

En vérité tout est fête pour moi. Les *drug-stores* entre autres me fascinent; tous les prétextes me sont bons pour m'y arrêter; ils résument pour moi tout l'exotisme américain. Je les imaginais mal; j'hésitais entre la vision ennuyeuse d'une pharmacie et—à cause du mot *soda-fountain*—l'évocation d'une fontaine Wallace[4] enchantée crachant des flots d'*ice-cream*

---

[4]Richard Wallace (1818–1890), a British philanthropist and art collector, gave 100 fountains to Paris.

Paris, une fontaine Wallace

rose et blanc. En vérité, ce sont les descendants des vieux bazars des villes coloniales et des campements du Far West où les pionniers des siècles passés trouvaient réunis remèdes, aliments, ustensiles, tout ce qui était nécessaire à leur vie. Ils sont à la fois primitifs et modernes, c'est ce qui leur donne cette poésie spécifiquement américaine. Tous les objets ont un air de famille : le même brillant bon marché, la même gaieté modeste; les livres aux couvertures glacées, les tubes de pâte dentifrice et les boîtes de candies ont les mêmes couleurs : on a vaguement l'impression que la lecture laissera dans la bouche un goût de sucre et que les bonbons raconteront des histoires. J'achète : savons, crèmes, brosses à dents. Ici les crèmes sont crémeuses, les savons savonnent : cette honnêteté est un luxe oublié.

L'Amérique au jour le jour, 1948

❖ ❖ ❖ ❖ ❖

ℒISONS

Analysons

A. Répondez aux questions suivantes.

1. Lisez le premier paragraphe. Simone de Beauvoir dort-elle peu ou beaucoup à New York? Pourquoi?
2. Lisez le deuxième paragraphe. Qu'est-ce que l'auteur boit au petit déjeuner? Qu'est-ce qu'elle mange? Où est-elle assise? Avec qui?
3. Lisez le troisième paragraphe. Quelle est son impression des *drugstores*?
4. Lisez la fin de l'extrait. Quels articles est-ce que l'auteur y achète?

B. Relisez attentivement l'extrait et répondez aux questions suivantes.

1. Trouvez tous les verbes pronominaux. À quels temps sont ces verbes? Trouvez tous les pronoms à la première personne (**je, me, moi**). Quel est l'effet de l'emploi de ces pronoms?
2. Trouvez toutes les expressions qui évoquent le bonheur ou la joie.

3. Quel adjectif est répété dans la description des objets qui se vendent dans ce *drug-store*? Quel est l'effet de cette répétition?
4. Quel est l'effet de l'allitération «les crèmes sont crémeuses, les savons savonnent»?

Discutons

C. Discutez des questions suivantes.

1. Quel est l'état d'esprit de l'auteur? Expliquez.
2. Que font les gens qui ne dorment pas pendant la nuit?
3. De quelle maladie souffrent les habitants de New York? À votre avis, pourquoi en souffrent-ils?
4. Pourquoi le petit déjeuner est-il une fête? Qu'est-ce qu'il y a de spécial dans ce petit déjeuner pour l'auteur?
5. La situation de l'auteur est-elle semblable à celle des autres clients qui déjeunent? Quelle est la différence? Expliquez.
6. Quelle est l'origine des *drug-stores*?
7. Qu'est-ce qu'il y a de primitif dans les *drug-stores*? Qu'est-ce qu'il y a de moderne?
8. Pourquoi est-ce que les *drug-stores* fascinent l'auteur? Quels articles y vend-on?
9. Comment l'auteur imagine-t-elle la transformation des livres et des bonbons?
10. Simone de Beauvoir a fait ce voyage à New York en 1947 après la Deuxième Guerre mondiale. D'après ce que vous savez sur cette époque, commentez la phrase: «cette honnêteté est un luxe oublié».
11. À votre avis, l'auteur aime-t-elle New York? Pourquoi?
12. Quel est le ton de ce passage—sérieux? triste? léger? moqueur?
13. Donnez un titre à cet extrait.

$\mathcal{M}$AINTENANT À VOUS

Récitation/Prononciation

A. En groupes de trois, lisez chacun des trois paragraphes de cet extrait. Faites attention à la prononciation et à l'intonation. Essayez d'évoquer les émotions que vous éprouvez (le bonheur, l'enthousiasme, la surprise, l'ironie). Préparez-vous à lire votre passage devant la classe.

Avec un(e) partenaire

B. Créez un dialogue sur un des sujets suivants. Ensuite présentez votre sketch devant la classe.

1. Dans le *drug-store,* Simone de Beauvoir rencontre un client américain (une cliente américaine) qui parle français. Elle lui pose des questions sur l'Amérique et le client (la cliente) lui demande ses impressions.
2. Imaginez que votre partenaire et vous êtes à New York ou dans une autre grande ville cosmopolite pour la première fois. Parlez ensemble de vos premières impressions. Qu'est-ce qui vous frappe? Qu'est-ce qui vous plaît? Qu'est-ce qui vous amuse, vous surprend ou vous choque?

Rédaction

C. Écrivez une courte rédaction sur un des sujets suivants.

1. Vous êtes touriste dans une grande ville américaine. Racontez vos premières impressions, réactions et observations.
2. Ce texte a été écrit en 1947. Imaginez les différences que Simone de Beauvoir trouverait si elle arrivait à New York ou dans une autre grande ville américaine aujourd'hui.
3. Vous faites un voyage dans une grande ville étrangère. Dans une lettre destinée à votre correspondant(e) québécois(e), décrivez vos réactions, vos observations et vos impressions.

$\mathcal{A}$PPENDIX A

Versification

Poetry is a form of literary expression characterized by the harmonious use of the sounds and rhythms of language to create images and evoke emotional responses. French poetry is distinguished from prose by a system of rules and conventions known as **la versification.** These include **la rime** (*rhyme*), the repetition of the same sound or sounds at the end of a line of poetry or within the line, and **le rythme** (*rhythm*), regular patterns of stressed and unstressed elements in a line of poetry. A poem may be written in a fixed form with a prescribed number of lines and stanzas, such as a **sonnet** or a **quatrain,** or in a free form that may or may not be divided into stanzas. A **poème en prose** (*prose poem*) has neither rhyme nor rhythm but retains poetic imagery, musicality, and emotional impact.

The following definitions will help you understand and discuss the versification techniques used in the poetry selections in this book.

allitération, *f.* (*alliteration*). Repetition of a consonant sound in two or more neighboring words.

> Dors mon beau bébé noir; Ah! La charmante chose.

calligramme, *m.* Poem whose printed shape visually imitates the subject of the poem; for example, a poem about a fountain shaped on the page like a fountain.

comparaison, *f.* (*simile*). Comparison of two essentially unlike things using words such as **comme, tel,** and **ainsi que.**

> La vie, c'est comme une dent; Tu es beau / Comme un oranger fleuri.

métaphore, *f.* (*metaphor*). Comparison of two essentially unlike things without using words such as **comme, tel,** or **ainsi que.**

> La Nature est un temple...

onomatopée, *f.* (*onomatopoeia*). Imitation of natural sounds by words.

> glouglou, clapotis, boum, tic tac, woua-woua

personnification, *f.* (*personification*). Representation of inanimate objects or abstract ideas as living beings.

> Le chant de la pluie; Au regard de l'aube.

quatrain, *m.* Poem or stanza consisting of four lines.

refrain, *m.* Phrase or verse that recurs regularly at the end of each stanza of a poem or song.

rime, *f.* (*rhyme*). Repetition of the same sound or sounds either at the end of a line of poetry or within the line. A **rime pauvre** consists of the repetition of the accented vowel only: **surpris/suivi; écho/mot; passé/chanté.** A **rime suffisante** consists of the repetition of the accented vowel and one consonant sound: **chose/morose; peine/haine; aperçu/reçu.** A **rime riche** consists of the repetition of the accented vowel and two other sounds: **cheval/rival; récente/puissante; arbre/marbre.** A **rime féminine** is a rhyme ending in a mute **e: rose/chose; livres/vivre; s'ennuie/pluie.** All others are **rimes masculines: maison/raison; char/canards; adoré/déchiré.** A rhyming pattern may be **plate** (aa bb cc . . .), **croisée** (abab cdcd), or **embrassée** (abba cddc).

rythme, *m.* (*rhythm*). Regular patterns of stressed and unstressed elements (e.g., sounds, syllables) in a line of poetry.

sonnet, *m.* Fourteen-line poem divided into two four-line stanzas and two three-line stanzas.

strophe, *f.* (*stanza*). Division of a poem consisting of a series of lines arranged together as a unit.

syllabe, *f.* (*syllable*). Basic unit of the spoken language, containing one vowel sound that may be accompanied by one or more consonant sounds. The French language distinguishes between a **syllabe ouverte** (*open syllable*), which ends in a vowel sound (**chat; beau; gris**), and a **syllabe fermée** (*closed syllable*), which ends in a consonant sound (**peine; char; rime**).

symbole, *m.* (*symbol*). Concrete or visible sign of something abstract or invisible. In *Le Petit Prince,* for example, the seeds of the baobab tree symbolize evil. In the poem *Liberté,* the crown is the symbol of royalty.

vers, *m.* Line of poetry. The classic **vers alexandrin** contains twelve syllables. A line of poetry containing ten syllables is called a **décasyllabe,** and an eight-syllable line is called an **octosyllabe.** When counting syllables in a line of poetry, remember that the mute **e** is pronounced when followed by a consonant, but is not pronounced when followed by a vowel or when it is at the end of a line.

Je sou-hai-te dans ma mai-son	(8 syllables)
U-ne femm(e) a-yant sa rai-son	(8 syllables)
Il pleu-re dans mon cœur	(6 syllables)
Comm(e) il pleut sur la vill(e).	(6 syllables)

 PPENDIX B

The passé simple

1. The **passé simple** is a past tense often used in printed narrative material. It is not a conversational tense. Verbs that would be used in the **passé composé** in informal speech or writing are in the **passé simple** in formal writing. You may want to learn to recognize the forms of the **passé simple** for reading purposes. The **passé simple** of regular **-er** verbs is formed by adding the endings **-ai, -as, -a, -âmes, -âtes,** and **-èrent** to the verb stem. The endings for **-ir** and **-re** verbs are **-is, -is, -it, -îmes, îtes,** and **-irent**.

	parler	**finir**	**perdre**
je	parlai	finis	perdis
tu	parlas	finis	perdis
il, elle, on	parla	finit	perdit
nous	parlâmes	finîmes	perdîmes
vous	parlâtes	finîtes	perdîtes
ils, elles	parlèrent	finirent	perdirent

2. Here are the third-person forms (**il, elle, on; ils, elles**) of some verbs that are irregular in the **passé simple.**

INFINITIVE	PASSÉ SIMPLE
avoir	il eut, ils eurent
dire	il dit, ils dirent
être	il fut, ils furent
faire	il fit, ils firent

$\mathcal{A}$PPENDIX C

Possessive Pronouns and Adjectives

1. Possessive pronouns replace nouns that are modified by a possessive adjective or other possessive construction. In English, the possessive pronouns are *mine, yours, his, hers, its, ours,* and *theirs.* In French, the appropriate definite article is always used with the possessive pronoun.

	SINGULAR		PLURAL	
	Masculine	*Feminine*	*Masculine*	*Feminine*
mine	le mien	la mienne	les miens	les miennes
yours	le tien	la tienne	les tiens	les tiennes
his/her/its	le sien	la sienne	les siens	les siennes
ours	le nôtre	la nôtre	les nôtres	
yours	le vôtre	la vôtre	les vôtres	
theirs	le leur	la leur	les leurs	

POSSESSIVE CONSTRUCTION + NOUN	POSSESSIVE PRONOUN
Où sont **leurs bagages**?	→ **Les leurs** sont ici.
C'est **mon frère** là-bas.	→ Ah oui? C'est **le mien** à côté de lui.
La **voiture de Frédérique** est plus rapide que **ma voiture.**	→ Ah oui? **La sienne** est aussi plus rapide que **la mienne.**

2. Possessive adjectives agree in gender and number with the nouns they modify.

	SINGULAR		PLURAL
	Masculine	*Feminine*	*Masculine and Feminine*
my	**mon** père	**ma** mère	**mes** parents
your (**tu**)	**ton** père	**ta** mère	**tes** parents
his, her, its, one's	**son** père	**sa** mère	**ses** parents
our	**notre** père	**notre** mère	**nos** parents
your (**vous**)	**votre** père	**votre** mère	**vos** parents
their	**leur** père	**leur** mère	**leurs** parents

Mon frère et **ma sœur** aiment le sport.

Voilà **notre maison.**

Habitez-vous avec **votre sœur** et **vos parents?**

Ils skient avec **leurs cousins** et **leur oncle.**

My brother and my sister like sports.

There's our house.

Do you live with your sister and your parents?

They're skiing with their cousins and their uncle.

$\mathcal{A}$PPENDIX D

Verb + Infinitive Constructions

1. Some verbs directly precede an infinitive, with no intervening preposition (**J'aime danser**).

aimer	espérer	pouvoir	valoir (il vaut
aller	faire	préférer	mieux)
désirer	falloir (il faut)	savoir	venir[1]
détester	laisser	souhaiter	vouloir
devoir	penser		

2. Some verbs require the preposition **à** before the infinitive (**Il commence à parler**).

aider à	commencer à	hésiter à	se préparer à
s'amuser à	continuer à	s'intéresser à	réussir à
apprendre à	se décider à	inviter à	servir à
arriver à	encourager à	se mettre à	tenir à
chercher à	s'habituer à		

3. Some verbs require the preposition **de** before the infinitive (**Nous essayons de travailler**).

accepter de	demander de	interdire de	proposer de
s'arrêter de	dire de	offrir de	refuser de
avoir peur de	empêcher de	oublier de	regretter de
cesser de	essayer de	parler de	remercier de
choisir de	éviter de	permettre de	rêver de
conseiller de	s'excuser de	persuader de	risquer de
décider de	finir de	promettre de	venir de[1]

---

[1]When used as a verb of motion, **venir** has no preposition before an infinitive: **Je viens vous aider** (*I'm coming to help you*). However, the preposition **de** is used before the infinitive in the **passé récent** construction: **Je viens de l'aider** (*I've just helped him/her*).

Vocabulaire français-anglais

This vocabulary contains French words and expressions used in this book, with their contextual meanings. The gender of nouns is indicated by the abbreviations *m.* and *f.* Both masculine and feminine forms of adjectives are shown, unless the feminine is formed by adding **-e** to the masculine. Exact cognates, conjugated verb forms, present participles, regular past participles, and literary titles are not included in this vocabulary. In general, regular adverbs do not appear if the adjectives upon which they are based are included (e.g., **lent**[e], **lentement**); regular past participles used as adjectives do not appear if the verbs upon which they are based are included (e.g., **varier, varié**[e]). Words beginning with aspirate **h** are preceded by an asterisk (*).

The following abbreviations are used.

ab.	abbreviation	*irreg.*	irregular
adj.	adjective	*m.*	masculine
adv.	adverb	*n.*	noun
conj.	conjunction	*neu.*	neuter
demon. pron.	demonstrative pronoun	*p.p.*	past participle
f.	feminine	*pl.*	plural
fam.	familiar	*prep.*	preposition
fig.	figurative	*pres. part.*	present participle
gram.	grammatical term	*pron.*	pronoun
inf.	infinitive	*rel.*	relative
interj.	interjection	*s.*	singular
interr.	interrogative	*subj.*	subjunctive
inv.	invariable	*v.*	verb

A

à *prep.* to; at; in; **à cause de** *prep.* because of; **à force de** *prep.* by dint of, by virtue of; **à la fois** *adv.* at once, at the same time; **à l'ombre** in the shade; **à partir de** *prep.* starting from; **à présent** *adv.* now; **à propos de** *prep.* with respect to; **à travers** *prep.* through; **à voix haute** *adv.* aloud, in a loud voice; **au-delà** *m.* world beyond; **au-dessus (de)** *adv.* above; **au jour le jour** *adv.* from day to day; **être à** to belong to

abandonné *adj.* abandoned

abord: d'abord *adv.* first of all

abri *m.* shelter; **mettre à l'abri** to protect; **sans-abri** *m. pl.* homeless people

abriter to shelter

absolu *adj.* absolute

accélération *f.* speeding up, acceleration

accompagner to accompany

accord *m.* agreement (*gram.*); **être d'accord** to agree

acheter (j'ach**è**te) to buy
achever (j'ach**è**ve) to finish, complete
acteur (**actrice**) actor (actress)
actif/ive adj. active
activité f. activity
adjectif m. adjective
admirer to admire
adorer to love, adore
adresser to send, address; to direct, aim; **s'adresser à** to speak to
aéropostal adj. airmail
affaires f. pl. belongings, things
affecté adj. affected
afin que (+ subj.) conj. so that, in order that
africain adj. African
Afrique f. Africa
âge m. age; **quel âge avez-vous?** how old are you?
s'agenouiller to kneel
agir to act; **s'agir de** to be about, to be a question of
agréable adj. pleasant, nice
agrégation f. competitive exam for the recruitment of **lycée** teachers
aide f. help; **venir en aide** to come to the help of
aider to help
aïe interj. ouch
ailleurs adv. elsewhere
aimer to like, love; **aimer bien** to like
air m. air; look, appearance; **avoir l'air** to appear, seem
aisé adj. easy; well-off
ajouter to add
alcool m. alcohol
alcoolisme m. alcoholism
aliment m. food
allaiter to nurse, breastfeed
allemand adj. German; m. German (language)
aller to go; **aller** + inf. to be going to (do something); **aller bien** to be well
allô interj. hello (telephone)
alors adv. so, then
alouette f. lark
Alpes f. pl. Alps (mountains)
âme f. soul, spirit
s'améliorer to improve, get better
américain adj. American
Amérique f. America
ami(e) friend; **petit(e) ami(e)** boyfriend (girlfriend)

amour m. love
amoureux/euse adj. loving, in love; **être amoureux/euse de** to be in love with
s'amplifier to increase
amusant adj. funny
amuser to amuse, entertain; **s'amuser** to have fun
an m. year; **avoir... ans** to be . . . years old
analyser to analyze
ancêtre m. ancestor
anglais adj. English; m. English (language)
angoisse f. anguish, distress
animal (pl. **animaux**) m. animal; **animal domestique** pet
année f. year
annoncer (**nous annonçons**) to announce
anonyme adj. anonymous
antonyme m. opposite
s'apercevoir (like **recevoir**) irreg. to notice
appartenir à (like **tenir**) irreg. to belong to
appel m. call
appeler (j'**appelle**) to call; **s'appeler** to be named
applaudir to applaud
s'appliquer to apply to
apprécier to like, appreciate
apprendre (like **prendre**) irreg. to learn; **apprendre par cœur** to memorize, learn by heart
approprié adj. appropriate
s'appuyer (je m'**appuie**) to lean; **s'appuyer contre** to lean on, against
âpre adj. grim, harsh
après adv., prep. after; **d'après** prep. according to; **après-midi** m. afternoon
arbitre m.: **libre arbitre** free will
arbre m. tree
arc m. arch
ardemment adv. eagerly, fervently
ardent adj. eager
ardu adj. difficult m. difficult thing
arène f. arena
argent m. money; **noces** (f. pl.) **d'argent** silver wedding
argot m. jargon
argument m. proof, evidence

ariette f. arietta (short aria)
arme f. weapon
arrache-cœur m. (fig.) heartbreaker
arracher to pull out
s'arrêter to stop
arrivée f. arrival; **ligne** (f.) **d'arrivée** finish line
arriver to arrive; to happen
arroser to water
Asie f. Asia
assis adj. seated
assistant(e) social(e) social worker
assister à to witness, be present at
associer to associate
s'astreindre (like **craindre**) irreg. to force (compel) oneself
atteindre (like **craindre**) irreg. to reach
attendre to wait for
attention f. attention; **faire attention à** to pay attention to
attentivement adv. attentively
aubaine f. windfall, godsend
aube f. dawn
auditif/ive adj. auditory
augmentation f. increase
aujourd'hui adv. today
auquel rel. pron., contraction of **à** + **lequel** to which
aussi adv. also; **moi aussi** me too
aussitôt adv. immediately
australien(ne) adj. Australian
autant adv. as many
auteur m. author
auto f. car
automne m. autumn
autorité f. authority
autour de prep. around
autre adj., pron. other; another; n. m., f. the other; pl. the others; **quelqu'un d'autre** pron. somebody, someone else
auxquelles rel. pron., contraction of **à** + **lesquelles** to which
avant adv. before; **avant de** (+ inf.) prep. before (doing something); **avant que** (+ subj.) conj. before
avantage m. advantage
avec prep. with
avenir m. future

avis *m.* opinion
avoir (*p.p.* **eu**) *irreg.* to have; **avoir... ans** to be . . . years old; **avoir beau** + *inf.* to do (*something*) in vain; **avoir besoin de** to need; **avoir chaud** to be warm, hot; **avoir droit à** to have the right; to be entitled to; **avoir envie de** to want; to feel like; **avoir faim** to be hungry; **avoir froid** to be cold; **avoir l'air** to appear, seem; **avoir mal à la tête** to have a headache; **avoir peur (de)** to be afraid; **avoir raison** to be right; **avoir soif** to be thirsty; **avoir sommeil** to be sleepy; **avoir tort** to be wrong; **il y a** there is (are)
ayant (*pres. part. of* **avoir**) having, possessing

B

se baigner to bathe; to swim
baiser *m.* kiss
baisser to lower
bal *m.* dance; ball
banc *m.* bench
baobab *m.* baobab (*type of tree*)
bas(se) *adj.* low; *m.* bottom; **en bas** *prep.* (down) below
bâtisseur/euse builder
battre (*p.p.* **battu**) *irreg.* to beat
bazar *m.* bazaar
beau (bel, belle [*pl.* **beaux, belles**]) *adj.* handsome; beautiful; **à belles dents** *adv.* with gusto; **avoir beau** + *inf.* to do (*something*) in vain; **beau temps** *m.* nice weather; **il fait beau** it's nice (out); **un beau jour** one fine day
beaucoup *adv.* very much, a lot; much, many
beauté *f.* beauty; **produits** (*m. pl.*) **de beauté** cosmetics
bébé *m.* baby
bercer (**nous berçons**) to rock
berceuse *f.* lullaby
berger (**bergère**) shepherd (shepherdess)
besoin *m.*: **avoir besoin de** to need
bête *f.* beast; **sale bête** rotten pest

bêtise *f.* foolish thing
bien *adv.* well; quite; much; fine; *m.* good; **aimer bien** to like; **aller bien** to be well; **bien sûr** *adv.* of course; **c'est bien fait pour elle** it serves her right; **se tenir bien** to behave well; **vouloir bien** to be willing
bientôt *adv.* soon
bilingue *adj.* bilingual
blanc (blanche) *adj.* white; *n. m., f.* white person
boire (*p.p.* **bu**) *irreg.* to drink
boîte *f.* box
bon(ne) *adj.* good, right; **bon marché** *adj. inv.* inexpensive, cheap; **être de bonne humeur** to be in a good mood
bonbon *m.* (piece of) candy
bonheur *m.* happiness
bonjour *interj.* hello, good day
bonsoir *interj.* good evening
bouc *m.*: **bouc émissaire** scapegoat
bouche *f.* mouth
boulot *m., fam.* job; work
bourdonner *m.* to buzz
bourse *f.* scholarship
brillant *m.* glossiness
brindille *f.* twig
brise *f.* breeze
brosse *f.* brush; **brosse à dents** toothbrush
brosser to brush
bruit *m.* noise; **faire du bruit** to make noise
buisson *m.* bush
bureau *m.* office

C

ça *pron.* this, that; it
cabane *f.* hut; cabin
cadavre *m.* corpse
cadeau (*pl.* **cadeaux**) *m.* gift, present
café *m.* café; coffee; **café au lait** coffee with hot milk
cahier *m.* notebook
camarade *m., f.* friend, companion; **camarade de chambre** roommate; **camarade de classe** classmate
campagne *f.* country(side)
campement *m.* encampment
canard *m.* duck

cancre *m.* dunce
capitale *f.* capital
caprice *m.* whim
car *conj.* for, because
cardiologue *m., f.* cardiologist
caresser to caress
carrière *f.* career
carte *f.* card; **carte postale** postcard
cas *m.* case; **en cas de** in case of; **en tout cas** in any case
catégorie *f.* category
cathédrale *f.* cathedral
cause *f.* cause; **à cause de** *prep.* because of
causer to cause
ce (cet, cette, ces) *pron., adj.* this, that; these, those
cela (ça) *pron.* this, that
célèbre *adj.* famous
celui (ceux, celle, celles) *demon. pron.* the one, the ones
celui-ci this one, the latter
cendre *f.* ash, cinder
cent *adj.* one hundred
cependant *adv.* yet, still, however, nevertheless
cerisier *m.* cherry tree
cerveau *m.* brain; **exode** (*m.*) **des cerveaux** brain drain
chacun(e) *pron.* each, everyone; each (one)
chaleur *f.* warmth
chambre *f.* bedroom; **camarade** (*m., f.*) **de chambre** roommate
champ *m.* field
chance *f.* possibility, opportunity
chandelle *f.* candle
changement *m.* change
chanson *f.* song
chant *m.* song
chanter to sing
chanteur/euse singer
chapeau *m.* hat
chapitre *m.* chapter
char *m.* wagon, chariot
chargé *adj.* loaded
charmant *adj.* charming
chasser to drive out
chat *m.* cat
chaud *adj.* warm, hot; **avoir chaud** to be warm, hot
cher (chère) *adj.* dear
chercher to look for
chéri(e) *n.* darling; *adj.* cherished

cheval (*pl.* chevaux) *m.* horse
cheveux *m. pl.* hair
chez *prep.* at the home, establishment of; chez moi at my place
chien *m.* dog
chiffre *m.* number
chinois *adj.* Chinese; *m.* Chinese (*language*)
chocolat *m.* chocolate
choisir to choose
choix *m.* choice
chômage *m.* unemployment
choquer to shock
chose *f.* thing; quelque chose *pron. neu.* something
choyer (je choie) to cherish
chuchoter (je chuchotte) to whisper
ci-dessous *adv.* below
ci-dessus *adv.* above
ciel (*pl.* cieux) *m.* sky, heaven
cimetière *m.* cemetery
cinéma *m.* movies; movie theater
cinq *adj.* five
cinquante *adj.* fifty
cinquième *adj.* fifth
circonstance *f.* circumstance
cirque *m.* circus
citation *f.* quotation
cité *f.* city; area in a city or town
citronnier *m.* lemon tree
clair *m.*: clair de lune moonlight
clandestin *adj.* secret, clandestine; underground
clapotis *m. inv.* lapping (*of waves*)
classe *f.* class; camarade (*m., f.*) de classe classmate; salle (*f.*) de classe classroom
classer to classify, sort
clé *f.* key
client(e) customer
cochon *m.* pig
cœur *m.* heart; apprendre par cœur to memorize, learn by heart; arrache-cœur *m.* (*fig.*) heartbreaker
se cogner to bump/bang oneself on/against
coin *m.* corner
colère *f.* anger
collé *adj.* stuck together
colombien(ne) *adj.* Colombian
colonie *f.*: colonie de vacances summer camp

colonne *f.* column
combien (de)? *adv.* how much? how many?; depuis combien de temps... ? since when, how long . . . ?
comédie *f.* comedy
comédien(ne) actor (actress)
comestible *adj.* edible
comique *adj.* comic
comme *adv.* as; like; how; for; since
commencer (nous commençons) to begin
comment *adv.* how; comment s'appelle... what's . . . 's name?
commenter to comment on
commun: en commun *adv.* in common
communiquer to communicate
comparer to compare
compléter (je complète) to complete
complot *m.* plot
composer to compose, make up
comprendre (*like* prendre) *irreg.* to understand
comprimé *m.* tablet
concret/ète *adj.* concrete
conflit *m.* conflict
congé *m.* leave; vacation
connaissance *f.* acquaintance; faire la connaissance (de quelqu'un) to make (someone's) acquaintance
connaître (*p.p.* connu) *irreg.* to know, be acquainted with
consciencieux/euse *adj.* conscientious
conseiller/ère counselor; conseiller/ère d'orientation guidance counselor
conseil *m.* (piece of) advice; *pl.* advice
conséquent: par conséquent *adv.* consequently
considérer (je considère) to consider
consoler to comfort
conte *m.* story
contempler to contemplate
contenir (*like* tenir) *irreg.* to contain
content *adj.* happy
se contenter de to be content with, satisfied with

contraire *m.* opposite
contrat *m.* contract
contre *prep.* against
contrôler to control
convaincre (*p.p.* convaincu) *irreg.* to convince
convenable *adj.* suitable, appropriate
convenir (*like* venir) *irreg.* to be suitable, fit
copain (copine) *fam.* friend, pal
corps *m.* body
correspondant(e) correspondent, penpal
corriger (nous corrigeons) to correct
cosmopolite *adj.* cosmopolitan
couche *f.* diaper
se coucher to go to bed
couleur *f.* color
coup: sur le coup *adv.* immediately; tout à coup *adv.* suddenly
couramment *adv.* fluently
courant *adj.* current
courir (*p.p.* couru) *irreg.* to run
couronne *f.* crown
courrier *m.* mail
cours *m.* course
court *adj.* short
coutume *f.* custom
couverture *f.* cover
se couvrir (*like* ouvrir) *irreg.* to cover over; to cloud up
cracher to spout, splutter
craie *f.* chalk
crainte *f.* fear
crayon *m.* pencil
créer to create
crème *f.* cream
crémeux/euse *adj.* creamy
creuser to dig
crever (je crève) *fam.* to die
crier to scream
croire (*p.p.* cru) *irreg.* to believe
curieux/euse *adj.* curious; inquisitive

D

dalle *f.* flooring tile
dangereux/euse *adj.* dangerous
dans *prep.* in, within
de (d') *prep.* of, from, about; d'abord *adv.* first of all; d'habitude *adv.* usually; être de bonne humeur to be in a good mood; être de

mauvaise humeur to be in a bad mood
se débarrasser de to get rid of
débile *adj.* pathetic, stupid
debout *adj.* standing
début *m.* beginning
décédé *adj.* deceased
décider to decide
déclarer to declare
découragement *m.* discouragement
découverte *f.* discovery
découvrir (*like* **ouvrir**) *irreg.* to discover
décrire (*like* **écrire**) *irreg.* to describe
défaite *f.* defeat
défaut *m.* fault
défendre to defend
dehors *adv.* outside
déjà *adv.* already
déjeuner to have lunch; *n. m.* lunch; **petit déjeuner** breakfast
delà: au-delà *m.* (world) beyond
délivrer to deliver, release
demain *adv.* tomorrow
demander to ask; **se demander** to wonder
dent *f.* tooth; **à belles dents** *adv.* with gusto; **brosse** (*f.*) **à dents** toothbrush
dentifrice *m.* toothpaste; **pâte** (*f.*) **dentifrice** toothpaste
départ *m.* departure
se dépêcher to hurry
depuis *prep.* since, for; **depuis combien de temps... ?** for how long . . . ?
dernier/ière *adj.* last
se dérouler to take place
désastreux/euse *adj.* disastrous
descendance *f.* descendants, issue
descendant(e) descendant
désert *adj.* deserted; **île** (*f.*) **déserte** desert island
déserteur *m.* deserter
désespoir *m.* despair
désir *m.* desire
désirer to want, desire
désobéir to disobey
désormais *adv.* henceforth, from now on
dessin *m.* drawing
dessiner to draw
dessous: ci-dessous *adv.* below
dessus: au-dessus (de) *adv.*

above; **ci-dessus** *adv.* above, previously
destin *m.* fate, destiny
détester to dislike; to hate
deuil *m.* mourning, bereavement
deux *adj.* two
deuxième *adj.* second; **Deuxième Guerre** (*f.*) **mondiale** World War II
devant *prep.* in front of, before
développé *adj.* developed; **sous-développé** underdeveloped
développement *m.* development; **pays** (*m.*) **en voie de développement** developing country
devenir (*like* **venir**) *irreg.* to become
deviner to guess
devise *f.* motto
devoirs *m. pl.* homework
dévorer to devour
dieu (*pl.* **dieux**) *m.* god; **Dieu** God
difficile *adj.* difficult
dîner to have dinner
dire (*p.p.* **dit**) *irreg.* to say; **vouloir dire** to mean
directeur/trice director
discuter de to discuss
disparu *adj.* disappeared
se disputer to argue
disque *m.* record
dissuader to dissuade
distinguer to distinguish
divers *adj.* varied, diverse; miscellaneous
diviser to divide
dix *adj.* ten; **dix-huit** eighteen; **dix-neuf** nineteen
docilité *f.* docility
dodo *m.* sleep; **faire dodo** *fam.* to sleep
domestique *adj.* domestic; **animal** (*m.*) **domestique** pet
domicile *m.* home; **sans domicile fixe (sdf)** *m., f.* homeless person
donner to give
dont *rel. pron.* whose, of whom, of which
doré *adj.* golden
dorénavant *adv.* henceforth, from now on
dormeur/euse sleeper
dormir *irreg.* to sleep

dos *m.* back
doucement *adv.* softly, quietly, slowly
douceur *f.* softness, gentleness
douleur *f.* pain
doute *m.* doubt; **sans doute** *adv.* probably, no doubt
se douter to suspect
doux (douce) *adj.* sweet, soft
douze *adj.* twelve
drame *m.* drama
drapeau (*pl.* **drapeaux**) *m.* flag
dresser to draw up, make
drogue *f.* drug
droit *adj.* right, straight; *m.* right; **avoir droit à** to have the right; to be entitled to (*something*)
drôle de *adj.* funny sort of, odd sort of

E

eau *f.* water; **eau fuyante** running water
échanger (**nous échangeons**) to exchange
éclater to burst, explode
s'écœurer to be disgusted, sickened
école *f.* school; **école navale** naval college
écolier/ière schoolboy, schoolgirl
économie *f.* economy; **faire des économies** to save (up) money
écouter to listen
écrire (*p.p.* **écrit**) *irreg.* to write
écrivain (femme-écrivain) writer
écume *f.* foam; (*fig.*) dregs, remains
édifice *m.* building
effacer (**nous effaçons**) to erase
effet *m.* effect
effronté *adj.* brazen
égal (*pl.* **égaux**) *adj.* equal
égalité *f.* equality
église *f.* church
s'élancer (**nous nous élançons**) to dash
élève *m., f.* pupil, student
elle *pron., f. s.* she; her; **elle-même** *pron., f. s.* herself; **elles** *pron., f. pl.* they; them
embaumé *adj.* sweet-smelling
embrasser to kiss

émigrer to emigrate
émissaire: bouc (*m.*) **émissaire** scapegoat
empli *adj.* filled
emploi *m.* use; job; position
employer (**j'emploie**) to use, employ
en *prep.* in; to; like; in the form of; **en cas de** *prep.* in case of; **en commun** *adv.* in common; **en général** *adv.* generally; **en haut** *adv.* upstairs; **en tous cas** *adv.* in any case; **en ville** *adv.* in town; downtown; **en voie de** in the process of; **en voyage** *adv.* away, traveling
enchanté *adj.* enchanted
encombrer to clutter
encore *adv.* again; still; yet; **ne... pas encore** not yet
encourager (**nous encourageons**) to encourage
endormir (*like* **dormir**) *irreg.* to put to sleep; **s'endormir** to fall asleep
endroit *m.* place
énergie *f.* energy
enfance *f.* childhood
enfant *m., f.* child
enfin *adv.* finally
s'engueuler *fam.* to fight, argue
s'enivrer to get drunk, intoxicated
ennemi(e) enemy
ennui *m.* boredom; problem; trouble
s'ennuyer (**je m'ennuie**) to be bored, weary
ennuyeux/euse *adj.* boring; annoying
énoncer (**nous énonçons**) to state, express
énorme *adj.* enormous
enquête *f.* inquiry; investigation
ensemble *adv.* together
ensuite *adv.* then, next
entendre to hear; **s'entendre (bien)** to get along (well)
entente *f.* understanding
enterrer to bury
entêté *adj.* obstinate, headstrong
enthousiasme *m.* enthusiasm
s'entraider to help each other
entre *prep.* between, among
entrée *f.* entrance
entrer to enter

entrevue *f.* interview
envers *prep.* toward; with respect to
envie *f.* envy, desire; **avoir envie de** to want; to feel like
environ *adv.* about, approximately
environnement *m.* environment
envoyer (**j'envoie**) to send
épaisseur *f.* thickness
épi *m.*: **épi de maïs** ear of corn
époque *f.* period, time
éprouver to feel; to experience
équipe *f.* team
errer to wander
espagnol *adj.* Spanish; *m.* Spanish (*language*)
espérer (**j'espère**) to hope
espoir *m.* hope
esprit *m.* mind, spirit; **état** (*m.*) **d'esprit** state of mind
essayer (**j'essaie**) to try
essuyer (**j'essuie**) to wipe; **essuyer les larmes** to wipe away tears
et *conj.* and
étape *f.* stage
état *m.* state; **état d'esprit** state of mind; **États-Unis** *m. pl.* United States
été *m.* summer
éthéré *adj.* ethereal, sublime
s'étirer to stretch
étouffer to suffocate
étrange *adj.* stranger
étranger/ère *adj.* foreign; *n. m., f.* stranger; foreigner
être (*p.p.* **été**) *irreg.* to be; **être à** to belong to; **être amoureux/euse de** to be in love with; **être d'accord** to agree; **être des leurs** to be one of them; **être en voyage** to be away, traveling; **être obligé de** to have to, be forced to
étude *f.* study
étudiant(e) student
étudier to study
eux *pron., m. pl.* them; **eux-mêmes** *pron., m. pl.* themselves
évasion *f.* escape
événement *m.* event
s'éventer to spoil; to go flat
éviter to avoid
évocation *f.* evocation, recalling

évoquer to evoke, recall
s'exalter to exalt, glorify oneself
examen *m.* test; **passer un examen** to take a test
exemple *m.* example; **par exemple** *adv.* for example
exercer (**nous exerçons**) to exert
exil *m.* exile
exode *m.* exodus; **exode des cerveaux** brain drain
exotisme *m.* exoticism
expérience *f.* experience; experiment
explication *f.* explanation
expliquer to explain
exploser to explode
exprimer to express
extrait *m.* excerpt

F

fabriquer to manufacture, make
facile *adj.* easy
façon *f.* manner, way, fashion
faible *adj.* weak
faim *f.* hunger; **avoir faim** to be hungry
faire to make; to do; **faire + inf.** to cause, make + *inf.*; **c'est bien fait pour elle** it serves her right; **faire attention à** to pay attention to; **faire des économies** to save (up) money; **faire dodo** *fam.* to sleep; **faire du bruit** to make noise; **faire du jardinage** to garden; **faire du ski** to go skiing; **faire la connaissance (de quelqu'un)** to make (*someone's*) acquaintance; **faire sa toilette** to get washed; **faire mal** to hurt; **faire une promenade** to take a walk; **faire un pique-nique** to go on a picnic; **faire un sondage** to take a poll; **faire un voyage** to take a trip; **il fait beau** it's nice (out); **quel temps fait-il?** how's the weather?
falloir (*p.p.* **fallu**) *irreg.* to be necessary
familier/ière *adj.* familiar; colloquial (*language*)
famille *f.* family

fantaisie *f.* fantasy; **prendre fantaisie à quelqu'un** to get into one's head, (*to do something*)
fascinant *adj.* fascinating
fasciner to fascinate
se fatiguer to get tired
faune *m.* faun (*mythology*)
faut (il) it is necessary to; one needs to
faux (fausse) *adj.* false; wrong
féliciter to congratulate
femme *f.* woman; wife
fers *m. pl.* irons, shackles
fête *f.* party; celebration
feu *m.* fire
feuille *f.* leaf
s'en ficher *fam.* to be indifferent about (*something*), not give a darn about (*something*)
fidélité *f.* faithfulness
fier (fière) *adj.* proud
figure *f.* face; figure
fille *f.* girl; daughter; **jeune fille** girl, young lady
fils *m.* son; **petit-fils** grandson
fin *f.* end
finir to finish
fixe: sans domicile fixe *m., f.* homeless person
fleur *f.* flower
fleuri *adj.* in bloom
fleuve *m.* river
flocon *m.* flake
flot *m.* flood, stream
foin *m.* hay
fois *f. inv.* time, occasion; **à la fois** *adv.* at once, at the same time; **des fois** *adv. fam.* sometimes
folie *f.* folly, madness
se fomenter to instigate; to stir up
fond *m.* bottom; back, background
fontaine *f.* fountain
force *f.* force, strength; **à force de** *prep.* by dint of, by virtue of
forgeron *m.* blacksmith
formel(le) *adj.* formal
se former to be formed; to take shape
formule *f.* formula, set expression
fort *adj.* strong
fortifier to strengthen
fou (folle) *adj.* crazy; **fou rire** *m.* the giggles

fourmi *f.* ant
fraîcheur *f.* freshness, coolness
frais *m. pl.* fees, expenses; **frais de scolarité** tuition
frais (fraîche) *adj.* cool; fresh
français *adj.* French; *m.* French (*language*)
frapper to knock; to strike
fraternité *f.* fraternity, brotherhood
frère *m.* brother
froid *adj.* cold; **avoir froid** to be cold; **il fait froid** it's cold
fumer to smoke
fuyant: eau (*f.*) **fuyante** running water

G

gagner to win; to earn
gai *adj.* cheerful
gaieté *f.* cheerfulness
galant *adj.* romantic, amorous
galerie *f.* arcade
gamme *f.* range
garçon *m.* boy
gâté *adj.* rotten; decayed
gâteau *m.* cake
se gâter to decay (*tooth*)
gémir to moan, groan
général (*pl.* **généraux**) *n. m.* general; *adj.* general; **en général** *adv.* generally
généraliste *m., f.* general practitioner (M.D.)
généreux/euse *adj.* generous
génial *adj. fam.* cool; great
genou (*pl.* **genoux**) *m.* knee; **se mettre à genoux** to kneel, get on one's knees
gens *m., f. pl.* people
gentil(le) *adj.* nice; pleasant; kind
glace *f.* ice cream
glacé *adj.* glossy
gorge *f.* throat
gourde *f.* gourd
goût *m.* taste
goûter *m.* snack
goutte *f.* drop
gouverner *m.* to govern; to steer
graine *f.* seed
grand *adj.* big, tall, large; great; **grand magasin** *m.* department store
grandir to grow up
grand-mère *f.* grandmother
grands-parents *m. pl.* grandparents
grand-père *m.* grandfather

grec (grecque) *adj.* Greek
grève *f.* strike
griller to grill; to roast
grossier/ière *adj.* coarse, crude
guère: ne... guère *adv.* scarcely
guérir to heal
guerre *f.* war; **Deuxième Guerre mondiale** World War II
guerrier/ière warrior
gueuler *fam.* to bawl out; to yell

H

s'habiller to get dressed
habitant(e) inhabitant, resident
habiter to live
habitude *f.* habit; **d'habitude** *adv.* usually
habitué *adj.* used to
habituel(le) *adj.* habitual
***haillons** *m. pl.* rags
***haine** *f.* hatred
se *hasarder to take risks; to venture
***hausser** to raise
***haut** *adj.* high, tall; *n. m.* top; **à voix haute** *adv.* aloud, in a loud voice; **en haut** *adv.* upstairs
herbe *f.* grass; shoot; herb; **mauvaise herbe** weed
héroïne *f.* heroine
***héros** *m. s.* hero
hésiter to hesitate
heure *f.* hour
heureux/euse *adj.* happy
hier *adv.* yesterday
histoire *f.* history; story
hiver *m.* winter
homme *m.* man
honnêteté *f.* honesty
honneur *m.* honor
***hors de** *prep.* outside of
***huée** *f.* booing
humblement *adv.* humbly
humeur *f.* mood; **être de bonne humeur** to be in a good mood; **être de mauvaise humeur** to be in a bad mood

I

ici *adv.* here
idée *f.* idea
identifier to identify
ignorer to not know
île *f.* island; **île déserte** desert island

image *f.* picture; image
imaginer to imagine
immédiatement *adv.* immediately
imparfait *m.* imperfect (*gram.*)
impératif/ive *adj.* imperative, command (*gram.*); *m.* imperative
impliquer to imply
imposant *adj.* imposing
imposer to impose, enforce
incompréhension *f.* lack of understanding
inconnu *adj.* unknown
inconvénient *m.* disadvantage
insouciant *adj.* carefree
s'installer to move into, settle down
insuffler to breathe into (*something*)
interdit *adj.* forbidden
intéressant *adj.* interesting
intéresser to interest
interroger (**nous interrogeons**) to question
inutile *adj.* useless
isoler to isolate
italien(ne) *adj.* Italian; *m.* Italian (*language*)

J

jamais *adv.* ever; **ne... jamais** *adv.* never; **ne... jamais plus** *adv.* never again
janvier *m.* January
japonais *adj.* Japanese
jardin *m.* garden; yard
jardinage *m.* gardening; **faire du jardinage** to garden
jardinier/ière gardener
jaune *adj.* yellow
javanais *m.* Javanese (*language*); pig latin
jeune *adj.* young; **jeune fille** *f.* girl, young lady
joie *f.* joy
joint: sourcils (*m. pl.*) **joints** eyebrows knit, frowning
joli *adj.* pretty
jouer to play, act out
jour *m.* day; **au jour le jour** *adv.* from day to day; **ce jour-là** that day; **tous les jours** *adv.* every day; **un beau jour** one fine day; **un jour** someday
journal (*pl.* **journaux**) *m.* newspaper

journée *f.* (*whole*) day; **toute la journée** all day long
juger (**nous jugeons**) to judge
jujubier *m.* jujube (*tree*)
jus *m.* juice
jusqu'à *prep.* up to, as far as; until; **jusqu'à ce que** (+ *subj.*) *conj.* until
juste *adv.* just; *adj.* fair
justifier to justify

L

labouré *adj.* plowed
laisser to allow, let; to leave (*behind*)
lait *m.* milk; **café** (*m.*) **au lait** coffee with hot milk
laiteux/euse *adj.* milky
lancé: te voilà lancée *adj.* there you go again
langage *m.* language
langue *f.* (*national*) language
langueur *f.* listlessness
lapin *m.* rabbit
large *adj.* wide
larme *f.* tear; **essuyer les larmes** to wipe away tears; **verser des larmes** to shed tears
se lasser to grow weary
laver to wash; **se laver** to wash (*oneself*)
leçon *f.* lesson; **tirer une leçon** to learn a lesson
lecture *f.* reading
léger (**légère**) *adj.* light
lequel (**laquelle, lesquels, lesquelles**) *pron.* which one; who; whom; which
lettre *f.* letter; **lettre majuscule** capital letter
leur *adj.* their; **être des leurs** to be one of them
lever (**je lève**) to raise; **se lever** to get up; to get out of bed; **lever** (*n. m.*) **du soleil** sunrise
se libérer (**je me libère**) to free, liberate oneself
libre *adj.* free; **libre arbitre** *m.* free will
ligne *f.* line; **ligne d'arrivée** finish line
lire (*p.p.* **lu**) *irreg.* to read
lit *m.* bed
livre *m.* book
logement *m.* lodging, place of residence

loi *f.* law
loin *adv.* far
lolo *m. fam.* milk
long(ue) *adj.* long; **le long de** *prep.* along, alongside
longtemps *adv.* for a long time
longueur *f.* length
lorsque *conj.* when
loyauté *f.* loyalty
lui *pron., m., f.* he; to him; to her; **lui-même** *pron., m. s.* himself
lune *f.* moon; **clair** (*m.*) **de lune** moonlight
lutte *f.* struggle, battle
luxe *m.* luxury
lycée *m. French secondary school*

M

ma *adj., f. s.* my
mâcher to chew
magasin *m.* store; **grand magasin** department store
magazine *m.* magazine
magnifique *adj.* magnificent
maigre *adj.* thin
main *f.* hand
maintenant *adv.* now
maire *m.* mayor
mais *conj.* but
maïs *m.*: **épi** (*m.*) **de maïs** ear of corn
maison *f.* house
maître (**maîtresse**) teacher (*elementary school*); master
majestueux/euse *adj.* majestic
majuscule: lettre (*f.*) **majuscule** capital letter
mal *adv.* badly; *m.* evil; pain, ache (*pl.* **maux**); **avoir mal** (**à**) to have pain; to hurt; **faire mal** to hurt
malade *adj.* sick, ill; **tomber malade** to become ill
maladie *f.* illness
malgré *prep.* despite, in spite of
malheur *m.* misfortune
malheureusement *adv.* unfortunately
malheureux/euse *adj.* unhappy
maman *f. fam.* mom
manger (**nous mangeons**) to eat
manque *m.* lack
manteau *m.* overcoat
marche *f.* march; progress, course; step

marché (*m.*): **bon marché** *adj. inv.* inexpensive, cheap

marcher to walk, step

marier to marry; **se marier** to get married

marocain *adj.* Moroccan

match *m.* game

maternel(le) *adj.* maternal

matin *m.* morning

matinal *adj.* morning

maudit *adj.* cursed

mauvais *adj.* bad; **être de mauvaise humeur** to be in a bad mood; **mauvaise herbe** *f.* weed

maxime *f.* maxim

mécontent *adj.* unhappy

médecin *m.* doctor

médicament *m.* medication; drug

meilleur *adj.* better; **le meilleur** the best

même *adj.* same; itself; very same; *adv.* even; **elle-même** *pron., f. s.* herself; **eux-mêmes** *pron., m. pl.* themselves; **lui-même** *pron., m. s.* himself; **même si** *conj.* even if

menace *f.* threat

menacer (**nous menaçons**) to threaten

ménage *m.* household; couple

mendiant *m.* beggar

mentholé *adj.* mentholated, minty

mer *f.* sea, ocean

merci *interj.* thanks

mère *f.* mother; **grand-mère** grandmother

merveilleux/euse *m.* supernatural

mes *adj., m., f., pl.* my

mésentente *f.* misunderstanding

métier *m.* trade, profession

mètre *m.* meter

métro *m.* subway

mettre (*p.p.* **mis**) *irreg.* to place; to put; to put on; **mettre à l'abri** to protect; **se mettre à** + *inf.* to begin to (*do something*); **se mettre à genoux** to kneel, get on one's knees; **se mettre en route** to set out (*on a trip*)

midi *m.* noon; **après-midi** *m.* afternoon

miel *m.* honey

mien(ne)(s) (**le/la/les**) *pron., m., f.* mine (those that belong to me)

mieux *adv.* better; **le mieux** the best

mignon(ne) *adj.* cute

minable *adj.* pathetic, shabby

minuit *m.* midnight

misérable *m., f.* poor, destitute person

moi *pron.* I, me; **chez moi** at my place; **moi aussi** me too

moineau (*pl.* **moineaux**) *m.* sparrow

moins *adv.* less; **au moins** at least; **le/la/les moins** the least

mon *adj., m. s.* my

monde *m.* world

mondial *adj.* war; **Deuxième Guerre** (*f.*) **mondiale** World War II

monosyllabique *adj.* monosyllabic, one-syllable

montagne *f.* mountain

montée *f.* climb, ascent

montrer to show

moqueur/euse *adj.* mocking

morale *f.* moral

mordre to bite

morose *adj.* moody, gloomy

mort *f.* death

mort(e) *n.* dead person; *adj.* dead

mot *m.* word

mouche *f.* fly

mouiller to wet

mourir (*p.p.* **mort**) *irreg.* to die

moustique *m.* mosquito

moyen(ne) *adj.* average; *n. m.* means

mur *m.* wall

myriade *f.* myriad

N

nager (**nous nageons**) to swim

naissance *f.* birth

naître (*p.p.* **né**) *irreg.* to be born

natal *adj.* native

naval *adj.* naval; **école** (*f.*) **navale** naval college

naviguer to navigate

ne *adv.* no; not; **ne... guère** *adv.* scarcely; **ne... jamais plus** *adv.* never again; **ne... pas** *adv.* no, not; **ne... plus** *adv.* no longer; no more;

ne... point *adv.* no, not (*lit.*); **personne... ne** no one, nobody

négliger (**nous négligeons**) to neglect

négritude *f.* negritude (*a consciousness of and pride in the cultural and physical aspects of the African heritage*)

neige *f.* snow

nettoyer (**je nettoie**) to clean

neuf *adj.* nine; **dix-neuf** nineteen

neutre *adj.* neuter

nez *m.* nose

niveau (*pl.* **niveaux**) *m.* level

noces *f. pl.* wedding; **noces d'argent** silver wedding

noir(e) black person; *n. m.* darkness; *adj.* black; **tableau** (*m.*) **noir** blackboard

nom *m.* noun; name

nombre *m.* number

nombreux/euse *adj.* numerous

nommer to name

normalien(ne) *student at the* **École normale supérieure**

nos *adj. pl.* our

nostalgie *f.* nostalgia

notre *adj. s.* our

nourricier: terre (*f.*) **nourricière** the nourishing earth

nourrir to feed

nourriture *f.* food

nous *pron.* we; us

nouveau (**nouvel, nouvelle** [**nouveaux, nouvelles**]) *adj.* new

nouvelle *f.* piece of news; *pl.* news

nu *adj.* naked, bare

nuage *m.* cloud

nuit *f.* night

nul(le) *adj.* no, nonexistent

numéro *m.* number

O

obéir to obey

objet *m.* object

obligé: être obligé de to have to, be forced to

occupé *adj.* busy

s'occuper de to be in charge of; to look after

oculiste *m., f.* eye specialist

offrande *f.* offering
offrir (*like* ouvrir) *irreg.* to offer
oiseau (*pl.* oiseaux) *m.* bird
ombre *f.* shade; à l'ombre in the shade
oncle *m.* uncle
onomatopée *f.* onomatopoeia (*a word that imitates a natural sound*)
opposer to oppose; s'opposer to be opposed
or *adv.* now, thus
oranger *m.* orange tree
ordinateur *m.* computer
oreille *f.* ear
orientation: conseiller/ère d'orientation guidance counselor
origine *f.* origin
oser to dare
oublier to forget
oui *interj.* yes
ouvrir (*p.p.* ouvert) *irreg.* to open

P

paisiblement *adv.* peacefully
papier *m.* paper
par *prep.* by; through; out of; per; apprendre par cœur to memorize; par conséquent *adv.* consequently; par exemple *adv.* for example; par terre *adv.* on the ground; passer par la tête to come into one's head
paradis *m.* paradise
paradoxal *adj.* paradoxical
paradoxe *m.* paradox
parc *m.* park
parce que *conj.* because
pareil(le) *adj.* similar, alike
parent(e) parent, relative; grands-parents *m. pl.* grandparents
parfois *adv.* sometimes
parfumé *adj.* flavored
parisien(ne) *adj.* Parisian
parler to speak
parmi *prep.* among
parole *f.* spoken word, speech
partager (nous partageons) to share
participe *m.* participle (*gram.*)
participer to participate
partie *f.* part

partir (*like* dormir) *irreg.* to leave (for, from); to set out; à partir de *prep.* starting from
partout *adv.* everywhere
pas *m.* step; pas de la porte doorstep
passager/ère passenger
passé *m.* past; *adj.* past
passer to pass; passer par la tête to come into one's head; passer un examen to take a test; se passer to happen, take place
pâte *f.*: pâte dentifrice toothpaste
patiemment *adv.* patiently
patriarche *m.* patriarch
pauvre *m., f.* poor person; *adj.* poor
payer (je paie) to pay for
pays *m. inv.* country; pays en voie de développement developing country
paysage *m.* landscape
peau *f.* skin
peine *f.* sadness, sorrow; punishment; trouble
peinture *f.* paint; painting; ne pas pouvoir se voir en peinture to be unable to stand the sight of each other
Pékin Beijing
pendant *prep.* during
pénétrer (je pénètre) to penetrate
pensée *f.* thought
penser to think; to reflect; penser à to think of, think about penser de to have an opinion about
perdre to lose
père *m.* father; grand-père grandfather
perforer to perforate
perle *f.* pearl
permettre (*like* mettre) *irreg.* to permit, allow, let
personnage *m.* character
personne *f.* person; anyone; personne ne... *adv.* no one
petit *adj.* small; little; short; petit(e) ami(e) boyfriend (girlfriend); petit déjeuner *m.* breakfast; petit-fils *m.* grandson; prendre le petit déjeuner to have breakfast

peu *adv.* little; few; hardly; un peu (de) a little (of)
peuple *m.* people
peur *f.* fear; avoir peur to be afraid
philosophe *m., f.* philosopher
phrase *f.* sentence
pièce *f.* play; room (*in a house*)
pied *m.* foot; au pied de *prep.* at the foot of
piège *m.* trap; tricky problem
pierre *f.* stone
pingouin *m.* penguin
pionnier/ière pioneer
pique-nique *m.* picnic; faire un pique-nique to go on a picnic
piquer to sting
pire *adj.* worse; le/la pire the worst
pis: tant pis *interj.* too bad
piscine *f.* pool
pitié *f.* pity
place *f.* place; seat
plage *f.* beach
plaire (*p.p.* plu) *irreg.* to please
plaisir *m.* pleasure
plan *m.* plan; outline
planète *f.* planet
plante *f.* full-grown plant
planter to plant
plein de *adj.* filled with
pleurer to cry
pleurs *m. pl.* tears
pleuvoir (*p.p.* plu) *irreg.* to rain; il pleut it's raining
plonger (nous plongeons) to plunge
pluie *f.* rain
plus (de) *adv.* more; le/la/les plus + *adj.* the most; le plus + *adv.* the most; ne... jamais plus *adv.* never again; ne... plus *adv.* no longer; no more; plus rien ne... *adv.* nothing any longer, nothing anymore; plus tard *adv.* later
plusieurs *adj.* several
plutôt *adv.* instead; rather
poche *f.* pocket
podologue *m., f.* podiatrist
poids *m.* weight
point *m.* point; ne... point *adv.* no, not (*lit.*); point de vue point of view
poirier *m.* pear tree
poisson *m.* fish; poisson rouge goldfish

poli *adj.* polite
pomme *f.* apple
pommier *m.* apple tree
pondéré *adj.* level-headed
porte *f.* door; **pas** (*m.*) **de la porte** doorstep
porter to wear; to carry, bear
poser to pose; **poser une question** to ask a question
posséder (**je possède**) to possess
postal *adj.* post, postal; **carte** (*f.*) **postale** postcard
poule *f.* hen
poumon *m.* lung
pour *prep.* for, in order to; **c'est bien fait pour elle** it serves her right; she deserves it
pourquoi *adv.*, *conj.* why
pourtant *adv.* nevertheless
pousser to grow
pouvoir (*p.p.* **pu**) *irreg.* to be able to, can; *n. m.* power; **ne pas pouvoir se voir en peinture** to be unable to stand the sight of each other
pratique *adj.* practical
précéder (**je précède**) to precede, go before
précieux/euse *adj.* precious
précis *adj.* precise, specific
préciser to state precisely, specify
prédestiné *adj.* predestined
préférer (**je préfère**) to prefer
premier/ière *adj.* first; *n. m., f.* the first one
prendre (*p.p.* **pris**) *irreg.* to take (hold); to have (*to eat*), order; **prendre fantaisie à quelqu'un** to get into one's head (*to do something*); **prendre le petit déjeuner** to have breakfast; **prendre soin de** to take care of; **s'y prendre** to go about it
près de *adv.* near, close to
présent *adj.* present; **à présent** *adv.* now
présenter to present, introduce
préserver to protect, preserve
presque *adv.* almost
prêt *adj.* ready
prétexte *m.* reason, excuse, pretext
prière *f.* prayer
printemps *m.* spring
privé de *adj.* deprived of

prix *m.* prize
proche *adj.* near, close
se procurer to obtain
prodige *m.* wonder; prodigy
produit *m.* product; **produits de beauté** cosmetics
profond *adj.* deep
progresser to progress
projet *m.* plan; project
promenade *f.* walk; **faire une promenade** to take a walk
se promener (**je me promène**) to take a walk
promesse *f.* promise
pronom *m.* pronoun (*gram.*)
pronominal (*pl.* **pronominaux**) *adj.* pronominal, reflexive (*gram.*)
propos: à propos de *prep.* with respect to
propre *adj.* own
protéger (**je protège, nous protégeons**) to protect
psychiatre *m., f.* psychiatrist
publicitaire *adj.* advertising; **slogan** (*m.*) **publicitaire** advertising slogan
publier to publish
puis *adv.* then, next; besides
puisque *conj.* since
puissant *adj.* powerful
punir to punish
pupitre *m.* pupil's desk

Q

quai *m.* wharf, platform, quai
quand *adv.*, *conj.* when
quant à *prep.* as for
quartier *m.* neighborhood, district
quatre *adj.* four
quatrième *adj.* fourth
que what; whom, that which
quel(le)(s) *interr. adj.* what; which; what a; **quel âge avez-vous?** how old are you?; **quel temps fait-il?** how's the weather?
quelque(s) *adj.* some; **quelque chose** *pron., neu.* something
quelquefois *adv.* sometimes
quelqu'un *pron., neu.* someone, somebody; **quelqu'un d'autre** somebody else, someone else
question *f.* question; **poser une question** to ask a question

questionner to question
qui *pron.* who, whom
quinze *adj.* fifteen
quitter to leave
quoi (**à quoi, de quoi, sur quoi**) *pron.* which, what
quotidien(ne) *adj.* daily, everyday

R

racine *f.* root
raconter to tell
radis *m.* radish
raison *f.* reason; **avoir raison** to be right
raisonner to reason
ramasser to gather together, collect
ranger (**nous rangeons**) to straighten up
rapport *m.* relationship; connection
ravissant *adj.* lovely
rayonner to radiate
réaliste *adj.* realistic
récemment *adv.* recently
recevoir (*p.p.* **reçu**) *irreg.* to receive
recherché *adj.* carefully chosen
réciproque *adj.* reciprocal
réciter to recite
recommander to recommend
recommencer (**nous recommençons**) to begin again, start over
reconnaître (like **connaître**) *irreg.* to recognize
reconnu *adj.* recognized
reconstituer to reconstruct
recouvrir (like **ouvrir**) *irreg.* to cover
rédaction *f.* essay, composition
réel(le) *adj.* real
refaire (like **faire**) *irreg.* to redo
se référer à (**je me réfère**) to refer to
réfléchir to reflect; **réfléchir à** to think about
refléter (**je reflète**) to reflect
se réfugier to take refuge
regard *m.* look, glance, gaze
regarder to look at
règlement *m.* regulation
rejeter (**je rejette**) to reject
réjouir to cheer up, delight, gladden; **se réjouir** to be delighted
relever (**je relève**) to point out

relier to connect

relire (*like* **lire**) *irreg.* to reread

remède *m.* remedy, solution

remercier to thank

remettre (*like* **mettre**) *irreg.* to put off, postpone; **se remettre à** to go back to

remplacer (**nous remplaçons**) to replace

renard *m.* fox

rencontrer to meet

rendre (+ *adj.*) to make + *adj.*; **rendre visite à** to visit (*a person*); **se rendre à** to go to

renseignement *m.* (*piece of*) information

rentrer to go home

repas *m.* meal

répéter (**je répète**) to repeat

répondre to answer, respond

réponse *f.* answer, response

reposer to rest; **se reposer** to rest

repousser to push away, reject

reprocher to reproach, blame for

réserver to reserve

résidence *f.* residence; **résidence universitaire** dormitory

résider to reside

résignation *f.* resignation (*emotion*)

responsable *m., f.* supervisor, person in charge

ressembler à to look like, resemble

ressentir (*like* **sentir**) *irreg.* to feel

rester to stay, remain

résumé *m.* summary

résumer to summarize

retourner to go back

retrouver to find (again); **se retrouver** to find oneself

réuni *adj.* reunited; joined together

réunion *f.* meeting

réussir à to succeed at; to be successful in; to pass (*test*)

rêve *m.* dream

réveil *m.* waking up

se réveiller to wake up

revenant *m.* ghost

revenir (*like* **venir**) *irreg.* to return, come back; to repeat

revoir (*like* **voir**) *irreg.* to see again; **au revoir** *interj.* goodbye

rien: ne... rien *adv.* nothing; **plus rien ne... rien** *adv.* nothing any longer, nothing anymore

rime *f.* rhyme

rire (*p.p.* **ri**) *irreg.* to laugh; *n. m.* laughter; **fou rire** the giggles

risque *m.* risk

rivière *f.* river

robe *f.* dress

roi *m.* king

roman *m.* novel

rosier *m.* rosebush

rouge *adj.* red; **poisson** (*m.*) **rouge** goldfish

route *f.* road, way; **se mettre en route** to set out (*on a trip*)

rue *f.* street

russe *adj.* Russian; *m.* Russian (*language*)

S

sa *adj., f. s.* his, hers, its

sable *m.* sand

sablonneux/euse *adj.* sandy

sac *m.* bag, purse

sacré *adj.* sacred

sage *adj.* good, well-behaved

sagesse *f.* wisdom

saisir to seize, grasp, grab hold of

saison *f.* season

sale *adj.* dirty; **salle bête** *f.* rotten pest

salle *f.* room; **salle de classe** classroom

sang *m.* blood

sanglot *m.* sob

sans *prep.* without; **sans-abri** *m. pl.* homeless people; **sans domicile fixe (sdf)** *m., f.* homeless person; **sans doute** *adv.* probably, no doubt

santé *f.* health

saphir *m.* sapphire

satisfait *adj.* satisfied

sauvage *adj.* wild

sauver to save

savant(e) wise, learned person; scientist

saveur *f.* flavor

savoir (*p.p.* **su**) *irreg.* to know; **savoir** + *inf.* to know how to (*do something*)

savon *m.* soap

savonner to lather

scolarité: frais (*m.*) **de scolarité** tuition

sdf (*ab.*): **sans domicile fixe** *m., f.* homeless person

sécher (**je sèche**) to dry; to cut a class

selon *prep.* according to

semaine *f.* week

semblable *adj.* similar

sembler to seem

sens *m.* meaning; sense

sentiment *m.* feeling

sentir (*like* **partir**) *irreg.* to feel; to sense; to smell

sérieux/euse *adj.* serious

serviette *f.* napkin; towel; briefcase

seul *adj.* alone

sévérité *f.* severity; strictness

si *adv.* so; so much; whether; *conj.* if, whether; **même si** *conj.* even if

SIDA (*ab.*) *m.* AIDS

siècle *m.* century

siège *m.* seat

siens *m. pl.* one's own people (*family, folks*)

signification *f.* meaning

signifier to mean

simultanéité *f.* simultaneity

sixième *adj.* sixth

ski *m.*: **faire du ski** to go skiing

slogan *m.*: **slogan publicitaire** advertising slogan

social: assistant(e) social(e) social worker

sœur *f.* sister

soif *f.* thirst; **avoir soif** to be thirsty

soigner to take care of

soigneusement *adv.* carefully

soin *m.* care; **prendre soin de** to take care of

soir *m.* evening

sol *m.* soil, ground

soleil *m.* sun; **lever** (*n. m.*) **du soleil** sunrise

solitude *f.* loneliness

sombre *adj.* dark

sommeil *m.* sleep; **avoir sommeil** to be sleepy

sommet *m.* summit, top

son *m.* sound

sondage *m.* (opinion) poll; **faire un sondage** to take a poll

songe *m.* dream

sonner to ring

sorcière *f.* witch

sorte *f.* sort, type

sortir (*like* **dormir**) *irreg.* to go out

souci *m.* worry
soudain *adv.* suddenly
souffler to blow
souffrance *f.* suffering
souffrir (*like* **ouvrir**) *irreg.* to suffer
souhaiter to wish, desire
se soûler to get drunk
sourcil *m.* eyebrow; **sourcils joints** eyebrows knit, frowning
sourire *m.* smile
sous *prep.* under, beneath; **sous-développé** *adj.* underdeveloped
souvenir *m.* memory
souvent *adv.* often
spécialiste *m., f.* specialist
spectateur/trice spectator; *pl.* audience
strophe *f.* stanza
stylo *m.* pen
subsister to get by, subsist
succès *m.* success
sucre *m.* sugar
sud *m.* south
suggérer (**je suggère**) to suggest
suite *f.* continuation; **tout de suite** *adv.* immediately
suivant *adj.* following
sujet *m.* subject
supérieur: École normale supérieure *elite French institution of higher learning*
supplémentaire *adj.* additional
supporter to tolerate
sur *prep.* on, on top of; about; **sur le coup** *adv.* immediately
sûr *adj.* sure, certain; **bien sûr** *adv.* of course
surprendre (*like* **prendre**) *irreg.* to surprise
surréel(le) *adj.* surreal
surtout *adv.* especially; above all
symboliser to symbolize
sympathique *adj.* nice, likable

T

ta *adj., f. s., fam.* your
tableau (*pl.* **tableaux**) *m.* chalkboard; **tableau noir** blackboard
tacher to stain
taille *f.* size
se taire (*p.p.* **tu**) *irreg.* to keep quiet; **tais-toi** *interj.* shut up

tant *adv.* so much; so many; **tant de** *adv.* so many, so much; **tant pis** *interj.* too bad
tante *f.* aunt
taquiner to tease
tard *adv.* late; **plus tard** *adv.* later
te (**t'**) *pron. fam.* you; to you; **te voilà lancée** there you go again
temps *m.* time; tense (*gram.*); weather; **beau temps** nice weather; **depuis combien de temps... ?** for how long . . . ?; **quel temps fait-il?** how's the weather?
tendresse *f.* tenderness
tendu *adj.* held out
tenir (*p.p.* **tenu**) *irreg.* to hold; to keep; **tenir à** to like; to cherish; to be anxious to; **se tenir bien** to behave well
terminer to end; to finish; **se terminer** to end
terre *f.* land; earth; Earth; **par terre** *adv.* on the ground
tes *adj. m., f., pl. fam.* your
tête *f.* head; **avoir mal à la tête** to have a headache; **passer par la tête** to come into one's head
tien(ne) *pron. m., f., fam.* yours
tigre *m.* tiger
tirer une leçon to learn a lesson
toilette *f.* washing; **faire sa toilette** to get washed
toit *m.* roof
tomber to fall; **tomber malade** to become ill
ton *adj. m. s., fam.* your
tonique *adj.* tonic; stressed; disjunctive (*gram.*)
tort *m.* wrong; **avoir tort** to be wrong
tôt *adv.* early
toucher (**à**) to touch
toujours *adv.* always
tournant *adj.* turning, revolving
tourner to turn
tout(e) (*pl.* **tous, toutes**) *adj., pron.* all, every (one); everything; each (one); any; **tout** *adv.* wholly, entirely, quite, very, all; **tous les jours** *adv.* every day; **tout à coup** *adv.* suddenly; **tout**

de suite *adv.* immediately; **toute la journée** all day long
trahison *f.* betrayal
traîner to pull; to drag
trait *m.* characteristic
traitement *m.* treatment
traiter de to treat, deal with
travail (*pl.* **travaux**) *m.* work
travailler to work
travailleur/euse *adj.* hardworking
travers: à travers *prep.* through
traverser to cross
treize *adj.* thirteen
très *adv.* very
triste *adj.* sad
tristesse *f.* sadness
trois *adj.* three
troisième *adj.* third
trop (de) *adv.* too; too much; too many
trou *m.* hole
trouver to find; **se trouver** to be located, situated
tutoyer (**je tutoie**) *to use the* **tu** *(familiar) form of the verb when addressing someone*

U

uni *adj.* close; **États-Unis** *m. pl.* United States
unité *f.* unit
universitaire: résidence (*f.*) **universitaire** dormitory
ustensile *m.* utensil
usure *f.* wear and tear
utile *adj.* useful
utilisation *f.* use
utiliser to use

V

vacances *f. pl.* vacation; **colonie** (*f.*) **de vacances** summer camp
vache *f.* cow
valise *f.* suitcase
véhicule *m.* vehicle
veiller to keep vigil; **veiller sur** to watch over
vendre to sell
venir (*p.p.* **venu**) *irreg.* to come; **venir de** + *inf.* to have just (*done something*); **venir en aide** to help
vent *m.* wind
vérité *f.* truth
verre *m.* glass

vers *m.* verse; *prep.* toward(s)
verser to pour; **verser des larmes** to shed tears
viande *f.* meat
vie *f.* life
vieux (vieil, vieille) *adj.* old
ville *f.* city; **en ville** in town; downtown
vin *m.* wine
violon *m.* violin
visage *m.* face
visite *f.* visit; **rendre visite à** to visit (*a person*)
vite *adv.* fast, quickly
vitrine *f.* display window, store window
vivre (*p.p.* **vécu**) *irreg.* to live
voguer to float
voici *prep.* here is/are
voie *f.*: **en voie de** in the process of; **pays** (*m.*) **en voie de développement** developing country
voilà *prep.* there is/are; **te voilà lancée** there you go again

voile *m.* veil
voir (*p.p.* **vu**) *irreg.* to see; **ne pas pouvoir se voir en peinture** to be unable to stand the sight of each other
voisin(e) neighbor; *adj.* neighboring
voiture *f.* car
voix *f.* voice; **à voix haute** *adv.* aloud, in a loud voice
vol *m.* flight
voleur/euse thief
vos *adj. m., f. pl.* your
votre *adj. m., f. s.* your
vouloir (*p.p.* **voulu**) *irreg.* to wish, to want; **vouloir bien** to be willing; **vouloir dire** to mean
vouvoyer (**je vouvoie**) *to use the* **vous** *(formal) form of the verb when addressing someone*
voyage *m.* trip; **être en voyage** to be away traveling; **faire un voyage** to take a trip

voyager (**nous voyageons**) to travel
vrai *adj.* true, real
vraiment *adv.* truly, really
vue *f.* view; **point** (*m.*) **de vue** point of view

W

woua-woua *onomatopoeic sound of waves*

Y

y *adv.* there; **il y a** there is (are)
yeux (*m. pl.* of **œil**) eyes

About the Authors

The authors of **Trésors littéraires** have many years of experience teaching French at different units of the City University of New York (CUNY). Their collaboration began in 1992 when they were invited to participate, with six other colleagues, in a CUNY NEH Grant Project. That project, "A Model in French with a Proficiency Orientation," ultimately led to the creation of this reader.

Anne-Marie Bourbon was born and brought up in France and is now Professor of French in the Department of Foreign Languages and Literatures at Queensborough Community College, CUNY. She received her Ph.D. in French literature from the City University of New York. A Renaissance specialist, she has published several articles in her field and is now working on a new translation of the prose work of Louise Labé, an important sixteenth-century French poet and feminist. This new English translation of Labé's "Debate of Folly and Love" will be published by Peter Lang in 1999 as a dual-language book with the original French text. Among the other books that she has translated from French into English is one by Paul Morand of the French Academy.

Debra Popkin is Professor of French in the Department of Modern Languages and Comparative Literature at Baruch College, CUNY. She holds a Ph.D. in French from Columbia University. Coeditor with Michael Popkin of the two-volume anthology *Modern French Literature: A Library of Literary Criticism* (Ungar, 1977), she has written on modern French dramatists and on French and francophone authors for the *Encyclopedia of World Literature* (Ungar) and for the *Journal of Evolutionary Psychology*. She has also written articles on pedagogy for the Rassias Foundation's *Ram's Horn,* for *Foreign Language Annals,* and, most recently, for *French Review:* "Teaching Language through Literature at the Early Stages" (October 1997). Dr. Popkin received Baruch's Presidential Award for Excellence in Teaching in 1988.

Gloria Sawicki is Assistant Professor in the Department of Modern Languages and Literatures at Brooklyn College, CUNY, where she teaches courses in French language, literature, and civilization. She also coordinates the basic language programs and supervises adjunct instructors in French, Italian, and Spanish. She holds a Doctor of Arts degree in French and foreign language pedagogy from the State University of New York at Stony Brook. Her research interests include integrating language, literature, and culture at all levels of instruction, teaching foreign languages in a culturally diverse context, and developing reflective teaching practices through action research.

Credits

Grateful acknowledgement is made for the use of the following:

Illustrations: *Page 9* Cat illustration by Raoul Dufy © 1999 Artist Rights Society (ARS), New York/ADAGP, Paris; *7, 12, 13* courtesy Amanda Popkin; *18, 29, 37, 44, 49, 54, 61, 65, 71* courtesy Lora Schultz; *76* courtesy Amanda Popkin; *86, 92* courtesy Lora Schultz; *97* courtesy John Ruiz; *101* Drawing of Jean Anouilh by Roger Wild from *Cahiers Renault-Barrault*, no. 26. Reprinted with permission of Julliard, Paris; *111* courtesy Lora Schultz.

Photographs: *Page 3* courtesy Services Culturels de l'Ambassade de France, New York; *4* courtesy Gloria Sawicki; *11* courtesy Services Culturels de l'Ambassade de France, New York; *16* courtesy Georges L. Godeau; *22, 24* courtesy Gloria Sawicki; *27* courtesy Alan Geoghegan; *41* courtesy Agnès Desarthe; *47* courtesy Services Culturels de l'Ambassade de France, New York; *52* courtesy Services Culturels de l'Ambassade de France, New York; *59* courtesy Services Culturels de l'Ambassade de France, New York; *75* courtesy Services Culturels de l'Ambassade de France, New York; *91* courtesy Alan Geoghegan; *96* courtesy Flammarion, Paris; *103, 105* © Gerry Goodstein, Jean Cocteau Repertory Theatre, adaptation by Alex Szogyi. *109* image © 1998 PhotoDisc, Inc.; *115, 118* courtesy Gloria Sawicki.

Readings: *Page 13* "La Fourmi" by Robert Desnos from *Chantefables et Chantefleurs.* © Librairie Gründ, Paris; *18* "Nadine" by Georges L. Godeau from *C'est comme ça.* Reprinted with permission of Éditions Le Dé Bleu; *23* from *Toutou à Paris* by Magdeleine du Genestoux, © Hachette Livre; *28* "L'homme qui te ressemble" by René Philombe from *Petites gouttes de chant pour créer l'homme* (Yaoundé-Messa, Cameroon: Éditions Semences Africaines, 1977); *38* "Le Cancre" by Jacques Prévert from *Paroles.* © Éditions Gallimard; © Fatras succession Jacques Prévert; *43* from *Je ne t'aime pas, Paulus* by Agnès Desarthe, Collection Médium Poche. Reprinted with permission of L'École des loisirs, Paris; *54* "Liberté" by Paul Éluard from *Œuvres complètes.* Reprinted with permission of Les Éditions de minuit, Paris; *60* "Dualisme" by Paul Geraldy from *Toi et moi.* Reprinted with permission of Éditions Stock, Paris; *66* "La vie, c'est comme une dent" by Boris Vian from *Je voudrais pas crever* (Paris, LGF); *72* "À ma mère" by Camara Laye from *L'enfant noir.* Reprinted with permission of Librairie Plon, Paris; *78* excerpt and illustration from *Le Petit Prince* by Antoine de Saint-Exupéry, copyright 1943 by Harcourt Brace & Company and renewed 1971 by Consuelo de Saint-Exupéry, reprinted by permission of the publisher; *86* from *L'appel des arènes* by Aminata Sow Fall. Reprinted with permission of Nouvelles Éditions du Sénégal, Dakar; *92* "Dors mon enfant" by Elolongué Epanya Yondo from *Kamerun! Kamerun!* (Paris: Éditions Présence Africaine, 1960); *97* "Avant" by Andrée Chedid from *Contre-chant.* Reprint with permission of Flammarion, Paris; *104* from *Antigone* by Jean Anouilh, © Les Éditions de la Table Ronde, 1946; *110* from "Les sans-abri" by Maryse Condé from *Haïti chérie.* © Bayard Poche, Je Bouquine, 1991; *117* from *L'Amérique au jour le jour* by Simone de Beauvoir. © Éditions Gallimard.